현대해석학의 지평

L'Herméneutique
(Tome 3758, 4th edition, 2017)
by Jean Grondin

현대 해석학의 지평

초판 1쇄 펴낸날 2019년 4월 15일

지은이 장 그롱댕 **옮긴이** 최성환
펴낸이 이건복 **펴낸곳** 도서출판 동녘

등록 제311-1980-01호 1980년 3월 25일
주소 (10881) 경기도 파주시 회동길 77-26
전화 영업 031-955-3000 편집 031-955-3005 **전송** 031-955-3009
블로그 www.dongnyok.com **전자우편** editor@dongnyok.com
인쇄 영신사 **종이** 한서지업사

ISBN 978-89-7297-934-0 93100

• 잘못 만들어진 책은 바꿔드립니다.
• 책값은 뒤표지에 쓰여 있습니다.
• 이 도서의 국립중앙도서관 출판시도서목록(CIP)은 서지정보유통지원시스템 홈페이지(http://
seoji.nl.go.kr)와 국가자료공동목록시스템(http://www.nl.go.kr/kolisnet)에서 이용하실 수
있습니다. (CIP제어번호: CIP2019009541)

현대 해석학의 지평

장 그롱댕 지음 최성환 옮김

동녘

일러두기

1. 이 책은 원서인 프랑스어판을 기준으로 삼고, 번역본인 독일어판을 참고해 번역했다.

2. 독일어판 옮긴이 주는 숫자로, 옮긴이 주는 '*'로 구분해 각주로 표기했다. 독일어판 옮긴이 주를 각주로 처리한 것은, 이 책이 다루는 주제의 상당 부분이 독일어권에 기반을 두고 있고, 독일어판은 다른 번역본과 달리 장 그롱댕이 직접 독일어판 옮긴이 주를 검수했으므로, 독자의 이해를 돕는다고 옮긴이가 판단했기 때문이다.

3. 원어 병기도 원서와 달리 독일어 병기를 포함했다. 이 책에 등장하는 대부분의 학자가 독일 학자들이기 때문이다. 이러한 판단하에 독일어판 원어 병기를 따른 부분이 많다.

4. 본문에서 사용한 기호 중 단행본과 잡지명은 《 》에 , 논문과 짧은 글은 〈 〉에 넣어 표기했다.

차례

해석학이 무엇이든 될 수 있다는
주장에 대하여

1. 해석학은 우리 시대 상대주의의 공통어Koinè인가?

1996년 장 브리몬트Jean Bricmont와 앨런 소칼Alan Sokal은 정신과학에 창궐하는 기만Scharlantanismus을 웃음거리로 만들기 위해 장난Scherz을 연출했다고 말했다. 그들은 완전히 불합리한 내용으로 가득한 논문을 《사회적 텍스트Social Text》라는 미국 학술지에 투고했다. 이 학술지의 이름이 어느 정도 전제하는 것은 각각의 문화적 혹은 학문적 산물들이란 단순한 '사회적 텍스트'이며, 따라서 이데올로기적 해석이나 구성으로 간주될 수 있다는 점이다. 그들의 논문은 양자물리학이 스스로 객관성을 추구함에도 불구하고 하나의 사회적 구성물에 지나지 않는다는 점을 증명한다고 한다. 아인슈타인의 방정식뿐 아니라 '해체'의 탁월한 대가들(그 중에서 라캉과 데리다)에 관한 예증들로 넘치는 이 논문이 통과되어 발표된 후, 저자들은 프랑스에서 많은 이목을 끌었던 이 속임수Schwindel를 즉각 공개했다(Bricmont et Sokal, 1997).*

　우리가 이 논쟁을 출발점으로 삼을 수 있다면, 이는 단지 '해석학' 개념이 학술지에 제출된 논문의 제목 안에 등장했기 때문이다. 논문 제목인 "경계를 넘어서: 양자중력의 변형적 해석학을 위하여"에서 우리는 '변형적 해석학transformative Hermeneutik'이라

---

* 소칼 사건(Sokal affair, Sokal's hoax)은 앨런 소칼이 1996년에 유명 인문학 저널인 《사회적 텍스트》를 상대로 벌인 지적 사기극이다. 이는 포스트모더니즘 철학과 과학의 관계를 둘러싼 논쟁을 불러일으켰다. 뉴욕 대학교 물리학 교수였던 소칼은 포스트모더니즘이 학문적 엄정성을 잃었다고 생각하면서 논문이 "그럴듯하게 들리고, 편집자의 이데올로기적 선입견에 편승하기만 하면" 내용에 관계없이 게재되는지 시험하기 위해 가짜 논문을 투고했다. 이를 위해 1994년에 그는 양자중력이 언어적·사회적 구성(Construct)임을 제안한 〈경계를 넘어서: 양자중력의 변형적 해석학을 위해(Transgressing the Boundaries: Toward a Transformative Hermeneutics of Quantum Gravity)〉를 《사회적 텍스트》에 투고했다. 당시 이 학술지는 동료 평가를 하지 않았으며, 물리학자에 의한 전문가 평가를 거치지 않았다. 결국 이 논문은 1996년 《사회적 텍스트》의 봄/여름 '과학전쟁' 특별호에 게재되었으며, 소칼은 이 논문의 출판일인 1996년 5월에 《국제공용어(Lingua Franca)》라는 학술지에서 이 사실을 폭로했다. 그후 이 사건은 포스트모더니즘 계열 프랑스 철학계를 발칵 뒤집었으며, 포스트모더니즘 철학에 대한 논쟁을 불러왔을 뿐만 아니라, 연구 윤리와 동료 평가에 대한 격렬한 논쟁을 불러일으켰다.

는 착상이 더 정확한 어떤 것도 지시하지 않는다는 점을 위안 삼을 수도 있다. 그러나 저자들은 '해석학'이라는 개념에 의지해 유행하는 개념을 받아들인다. 이 개념은 종종 브리몽트와 소칼이 공개적인 웃음거리로 만들려 했던 사고, 즉 현재적이고 '탈근대적postmodern'이며 상대주의적인 사고를 묘사하는 데 사용된다.

실로 그것은 '해석학' 개념이 충분히 지닐 수 있는 의미들 중 하나다. 더 자세하게 말하자면 해석학이라는 표현은 빈번하게, 그리고 그렇게까지 잘못이라고 할 수 없는 방식에서 지성적이며 문화적인 공간을 나타내는 명칭으로서 쓸모가 있다. 이 공간에는 어떤 진리도 존재하지 않는다. 모든 것이 해석의 문제여야 하기 때문이다. 해석의 이러한 보편성은 우레와 같은 니체의 말에서 처음 표현되었다. "아니, 정확히 사실들은 존재하지 않으며 단지 해석만이 존재할 따름이다"(Nietzsche, 1901).[1] 이러한 상대주의적 해석학에 대해 잔니 바티모Gianni Vattimo는 그것이 우리 시대의 공통어Koinè, die gemeinsame Sprache라고 말할 수 있었다(Vattimo, 1991, 45-58).[2]

1　Nietzsche, *Kritische Studienausgabe*, hg. von G. Colli und M. Montinari, Berlin/New York 1980, Band 12, S.315(= Wille zur Macht, 481). 이 구절의 해석학적 파급 효과에 대해서는 K. Hübner, "Hermeneutik des Verdachtes bei Friedrich Nietzsche", *New Testament Studies*, 51(2008), S.115-138 참조.

그럼에도 이러한 견해는 정확하게 해석학이 항상 그래야만 하는 것, 즉 해석 영역에서의 진리론과 대립한다. 이에 대해 우리는 늘 반복적으로 상기하게 될 것이다. 고전적 해석학은 실제로 해석(작업)과 관련이 있는 분과 학문들에서의 자의恣意와 주관주의를 물리치기 위해 규칙들을 제시하려 했다. 그러므로 자의와 상대주의에 몰두하는 해석학의 경우, 사람들이 스스로 이보다 더 심하게는 떠올릴 수 없는 부조리Widersinn를 구현한다. 그때 고전적 해석학에서 '탈근대적' 해석학으로의 여정이 아무 논리 없이 진행된 것은 아니다. 이 여정은 해석 영역의 확장과 어느 정도 결합되어 있지만, 이러한 확장이 꼭 탈근대적 상대주의로 인도하는 것은 아니다.

2. 해석학에 관해 거론되는 세 가지 주요 의의[*]

'해석학Hermeneutik, hermeneutics'이라는 단어는 가장 엄밀하고 관습적인 의미에서 가다머H.-G. Gadamer와 리쾨르P. Ricœur 같은 저자

---

2 G. Vattimo, *Jenseits der Interpretation. Die Bedeutung der Hermeneutik für die Philosophie*, FfM 1997, S.13.

[*] 독일어 'Sinn'과 'Bedeutung'은 여기서 각각 '의미(意味)'와 '의의(意義)'로 표기된다. 일반적으로 '의미'는 전체적인 중요성을, '의의'는 개별적이거나 부분적인 것의 유의미성을 나타낸다.

의 사고를 특징짓는 데 기여한다. 그들은 오늘날 우리 세계경험의 **역사적·언어적 성향이 강조되는 해석과 정신과학에 관한 포괄적인 철학**을 발전시켰다. 여기서 출발한 가다머와 리쾨르의 사상은 20세기 후반에 표적이 되는 지적 논쟁의 큰 부분(구조주의, 이데올로기 비판, 해체주의, 탈근대 등)에서 지속적으로 작용한다. 이는 '해석학적 운동hermeneutische Bewegung'으로도 묘사될 수 있는 흐름의 일부를 나타내는 해석학의 수용들이다. 그럼에도 가다머와 리쾨르의 발상과 그 유산들은 종종 해석학의 과거 전통에 기인한다. 이 전통은 여전히 보편적 해석철학universelle Interpretationsphilosophie 이 아니라, 단지 텍스트의 의미를 올바르게 해석하는 기예技藝, Kunst*를 가리킨다. 이제 해석학을 둘러싼 과거의 견해가 항상 전제되고, 또한 최근의 해석학에 의해 논의되므로 이러한 견해는 해석학의 전체 서술에서 고려되어야 한다. 그리하여 역사적 과정에서 연결되는 해석학의 세 가지 가능한 주요 의미들이 구별되는데, 이들 각각은 해석학이 수행해야 할 과제의 현재적이며

---

* 낭만주의 해석학 혹은 방법론적 해석학에서는 'Kunst', 'Kunstlehre'라는 표현이 자주 등장한다. 여기서 'Kunst'(art)는 '기술'과 '예술' 둘 다의 의미가 있다. 많은 번역 텍스트에서 대체로 '기술(技術)', '기술론(技術論)'으로 표기된다. 그러나 해석이 규칙으로만 이루어지지 않는 고유한 정신적 활동을 포함한다는 의미에서 예술적 차원도 부인할 수 없다. 그런 맥락에서 기술론보다는 '기예론(技藝論)'이 더 적절해 보인다.

정당한 관점을 보여준다.

1) 텍스트 해석의 기예론으로서의 해석학[*]

'해석학'은 고전적 의미에서 때로 **텍스트들을 올바르게 해석하는 기예**die Kunst, Texte richtig zu deuten로 불렸다. 이 기예는 주로 종교적 혹은 규범적 텍스트의 해석과 연관이 있는 분과(학문), 즉 (성서해석학hermeneutica sacra을 만든) 신학, (법률해석학hermeneutica iuris을 만든) 법학, (세속적 해석학hermeneutica profana을 만든) 문헌학에서 전개되었다. 여기서 '해석학'은 해석 절차가 원활히 진행되도록 돕는 보조 기능을 수행한다. 이 해석 절차는 이중적이거나 (일반적 용법에) 어긋나는 구절이 문제가 될 때 항상 어떤 해석의 도움을 필요로 한다. 해석학의 의도는 철저히 규범적이다. 이러한 해석학은 좋은 텍스트 해석을 가능하게 하는 규칙들, 지침들, 규범들을 제시한다. 이 규칙들 대부분은 수사학에서 유래한다. 수사학은 (문법, 변증술과 함께) 고대 3학trivium의 하나로,[**] 그 안에서 사람들은 종종 해석기예解釋技藝에 대한 해석학적 고찰을 발견했다. 예를 들면

---

[*] 이하 서술에 붙인 소제목은 옮긴이가 내용과 연관해서 작성한 것이며, 원문에는 없다.

[**] 이 기초적 과목에 4개의 과목(산술, 기하학, 천문학, 음악)이 합쳐져 중세의 자유 7학을 형성한다.

퀸틸리아누스M. F. Quintilian가 그중 한 명이다. 그는 해설解說, exegesis, enarratio을 그의 책《연설가 교육론De institutione oratoria(I, 9)》에서 다루었다.* 특히 아우구스티누스는《기독교론De doctrina christiana》에서 텍스트 해석에 필요한 규칙들의 목록을 작성했다. 이들은 해석학의 역사에서 이정표라고 할 수 있다(Augustin, 1997).[3] 이러한 전통은 프로테스탄티즘Protestantismus에서 지속적으로 그 절정을 경험했다. 프로테스탄티즘은 해석학을 주제로 여러 저작들을 생산했으며, 대부분 멜란히톤P. Melanchiton의《수사학Rhetorica》(1519)에서 영감을 받았다.** 해석 작업을 수행하는 학문들die auslegenden Wissenschaften을 위한 규범적 보조 학문으로서

---

* 퀸틸리아누스는 에스파냐 출신으로 로마 제국의 수사학자이다. 중세와 르네상스 시대의 문헌에 많이 언급되어 있다. 부친이 로마에서 수사학자로 활약했기 때문에 그도 부친을 따라 로마에서 법률과 수사학을 공부했다. 이후 교육 실천가로서 수사학교에서 20년간 웅변술을 강의했고, 이로 인해 당시 로마 황제 베스파시아누스(T. F. Vespasianus)의 신임을 얻어 웅변술 교수의 칭호를 받았으며, 국가로부터 봉급을 받는 로마 최초의 공교사(公教師)가 되었다.

3 Aurelius Augustinus, *Die christliche Bildung*, übers. v. Karla Pollmann, Stuttgart 2002.

** "멜란히톤은 초기 프로테스탄트 해석학을 완성하는 데 중심적인 역할을 했다. 루터를 만나기 전, 그는 하이델베르크와 튀빙겐에서 인본주의적인 수사학 전통에 해당하는 교육을 받았으며, 이미 자유예과(artes liberales)의 중요성에 큰 의미를 부여했고, 이를 지속적으로 강조했다"(장 그롱댕,《철학적 해석학 입문》, 최성환 옮김, 한울, 2008, 100쪽).

해석학을 이해하는 전통은 슐라이어마허F. Schleiermacher에 이르기까지 흔들림 없이 지속적으로 유지되어왔다. 슐라이어마허는 여전히 이 전통에 속하지만, 보편적 해석학에 대한 그의 초안(기획)은 이미 새로운 해석학의 이해를 선구적으로 알려주고 있는데, 이는 특히 딜타이W. Dilthey에 의해 도입되었다.

2) 정신과학의 방법론으로서의 해석학

딜타이는 해석학의 고전적 전통에 매우 친숙했다. 이 전통은 항상 (근대 해석학의 성립 과정에서) 전제로 머물지만, 딜타이는 새로운 과제를 위해 이것을 확충했다. 해석학이 **이해학문**의 규칙들과 방법들에 몰두한다면 이는 모든 정신과학(문학, 역사학, 신학, 철학, 그리고 오늘날 불리는 '사회과학')의 기초에 적합한 듯 보인다. 그리하여 해석학은 **정신과학의 진리요구와 학문적 위상에 대한 방법론적 기초반성**이 된다. 이러한 숙고는 19세기 자연과학의 비약적 발전이라는 배경에서 생겨난다. 자연과학의 비약적 발전은 철두철미한 방법적 엄격함을 통해 이루어진 성과이다. 그래서 자연과학의 척도에 따르면 정신과학은 매우 낙후된 상태에 있는 것처럼 보인다. 따라서 정신과학이 학문으로 대우받기 위해서는 방법론적 토대 위에 구축되도록 요구된다. 이를 실현하는 것이 해석학의 과제가 될 수 있다고 한다.

3) 보편적 해석학의 기획

세 번째 주요 의미는 계속되는 노정路程에서 해석학의 이러한 방법론적 이해에 대한 **반작용**으로서 생겨난다. 이는 **보편적 해석철학**의 형식을 가정한다. (후기 딜타이에게서 암시되는) 이러한 해석철학의 근본이념은, 이해와 해석이 단지 정신과학에만 관련된 방법이 아니라 삶 자체의 한가운데서 발견하는 기초적 사건들 Vorgänge이라는 것이다. 그리하여 해석은 항상 더 강하게 우리 세계경험의 특징으로서 나타난다. '해석'이라는 개념의 이러한 의미 확장은 20세기 해석학에 도움이 된 지속적 발전에 그 책임이 있다. 이러한 발전은 두 명의 대부代父를 증인으로 끌어올 수 있다. 한 명은 니체라는 '익명의 대부'(니체가 해석학에 대한 이야기를 많이 하지 않았기 때문이다)와 그의 보편적 해석철학이며, 다른 한 명은 (설령 그가 고전적인 방법론적 해석학과 절연하는 매우 고유한 해석학 이해를 대표한다고 해도) 하이데거Martin Heidegger라는 '공식적 대부'이다. 하이데거에게 해석학은 우선적으로 텍스트가 아니라 실존 자체와 관계가 있다. 이 실존은 이미 해석에 의해 침투되었지만, 해석이 이러한 실존을 드러낸다. 그와 동시에 해석학은 실존철학에 고용되었으며, 이 철학의 목표는 인간이 자신의 이해 능력에 눈뜨도록 만드는 것이다. 이때 전례 없는 방식으로 고전적인 '텍스트 해석학'에서 '실존해석학'으로의 이행이 이루어진다.

　동시대 해석학의 위대한 대표자들 대부분(가다머, 리쾨르, 그 후예들)은 하이데거의 추종자에 속하지만, 그 실존철학의 '직접적인 길'을 뒤따르지는 않는다. 그 대신 (이미) 하이데거에 의해 어느 정도 극복된 정신과학과의 대화를 다시 시도한다. 그들은 다시 슐라이어마허와 딜타이의 전통에 결합하지만(비록 리쾨르가 가다머보다 방법에 방향성을 둔 전통적인 해석학을 더 추종하지만),[4] 이는 해석학에 일차적으로 (객관적인) 방법론적 기능을 부여하지 않고 이루어진다. 오히려 그들의 관심사는 정신과학의 고유한 해석학을 발전시키는 것이다. 이 해석학은 단지 방법론적인 패러다임에서 해방되어 인간 이해의 언어적·역사적 차원에 더 적합한 것이 된다. 이 해석학이 보편적 이해철학의 형식을 가정함으로써 궁극적으로는 정신과학에 대한 방법론적 기초반성의 차원을 벗어나 보편적 요구를 제기한다. 앞으로 우리는 이 보편성이 상이하고 구별할 가치가 있는 형식들을 수용할 수 있다는 점을 보게 될 것이다.

4　이에 대해 J. Grondin, "De Gadamer à Ricœur. Peut-on parler d'une conception commune de l'herméneutique", in G. Fiasse(Hg.), *Paul Ricœur: De l'homme faillible à l'homme capable*, Paris, 2008, S.37-62 참조.

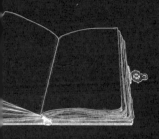

1장

해석학의 고전적 이해

'헤르멘오이티카hermeneutica'라는 개념은 17세기에 처음 등장했다. 스트라스부르의 신학자 단하우어Johann Conrad Dannhauer*는 이전에 '해석론Auslegungslehre' 혹은 '해석술Auslegungskunst'이라고 불렸던 것을 나타내기 위해 이런 개념을 고안했다.** 단하우어는

---

* "아직 자신을 규정하려는 시도가 진행 중이던 근대에는 도처에서 발생한 모든 학문을 아우를 수 있는 새로운 방법론이 필요하게 되었다. 아리스토텔레스적인 방법을 대체하거나 보충하는 지식의 새로운 방법(Organon)이 요구되었으며, 철학의 가장 시급한 과제가 되었다. 이 방법은 학문의 새로운 예비학으로 권유된 베이컨의《신기관》(1620)과 데카르트의《방법서설》(1637)에서 자신의 가장 의미심장한 증거를 발견한다. 바로 베이컨(1561~1626)과 데카르트(1596~1650) 사이에서 '헤르멘오이티카(hermeneutica)'라는 신조어가 예전의 방법을 보충하기 위한 탁월한 노력으로부터 세계의 빛을 발견한다. 이 새로운 창조물과 프로그램은 스트라스부르(Straßburg)의 신학자 단하우어의 업적이다"(장 그롱댕,《철학적 해석학 입문》, 117쪽 이하).

** 이 책에서 저자는 'Interpretation'과 'Auslegung'을 거의 같은 의미로 사용한다. 라틴어의 전통에서 계속 이어지는 것이 'Interpretation'이라면 'Auslegung'은 순수한 독일어라고 할 수 있다. 이 둘 모두 '해석'이라는 번역어가 가장 적합하기에 단어의 구별을 위해 전자를 단순히 '해석'으로, 후자를 '해석(Auslegung)'으로 독일어와 병기해 쓴다. 폴 리쾨르,《텍스트에서 행동으로》, 박병수·남기영 편역, 아카넷, 2002, 280쪽 참조. 여기서 옮긴이는 'Auslegung'을 '해석'과 더불어 '명료화'로 번역한다. 이런 표기 또한 현존재의

1654년에 이 개념을 책의 제목 "성서 해석학 또는 성서 문헌의 해석 방법Hermeneutica sacra sive methodus exponendarum sacrarum litterarum"에서 사용한 최초의 인물이었다. 이는 운 좋게도 이 과목의 고전적인 의의意義, Bedeutung에 맞아떨어졌으며, 성서해석exponere: auslegen, erklären을 위한 방법으로 생각되었다. 이러한 방법이 요청된다는 것은 그러한 저서들의 의의가 항상 그렇게 명백하지 않다는 뜻이기도 하다. '해석Interpretation, exponere, interpretari'은 여기서 방법이거나, 의의를 이해하는 길로 나아가는 것, 즉 통찰을 가능하게 하는 수단Vorgehen이다. 이때 무조건적으로 분명히 밝혀두어야 하는 것은 해석과 이해 사이의 목적-수단-관계이다. 두 개념들, 즉 해석과 이해는 후기의 해석학적 전통, 특히 하이데거에서 차별화되는 의의들을 획득하기 때문이다.

라틴어에서 빌려온 '인터프레타치온Interpretation'은 그리스어 동사 '헤르메네웨인hermeneuein'에서 유래한다. 이 동사는 두 가지 주요 의의가 있다. 이 단어는 표현과정(표현방식, 표현과 발표)뿐 아니라 설명과정(혹은 번역)을 가리킨다. 이러한 두 경우에서 중요한 것은 두 가지 방향에서 가능한 의미Sinn의 매개이다. 매개함은 ① 사상Gedanke*에서 나아가 말Rede**로 인도되거나, ② 말에서 나

자기'망각'에 대한 입장을 고려할 때 타당성이 있어 보인다.

아가 사상으로 되돌아갈 수 있다. 오늘날 우리는 단순히 두 번째 과정만을 지칭하기 위해 '해석'이라는 표현을 사용한다. 이 과정은 말로부터 그 배후에 놓인 사상으로 인도한다. 하지만 그리스 인들은 이미 표현방식Sprechweise 자체에 대해서 의미를 매개하는 해석학적 과정으로 이해했다. 이 과정이 사상의 표현과 번역을 단어에서 규정한다. 그런데 '헤르메네이아hermeneia'라는 단어는 또한 진술Aussage을 가리킨다. 진술에 전념하는 아리스토텔레스 의 《오르가논Organon》*** 제2권의 제목은 "해석에 관하여(명제론, Peri hermeneias)"이다. 이를 사람들이 라틴어 "해석론/명제론De interpretatione"으로 번역했다.

---

* 'Gedanke'는 사유의 내용적 측면을, 'Denken'은 사유의 작용적 측면을 나타 낸다고 할 수 있다. 이에 대해 슐라이어마허, 《해석학과 비평》, 최신한 옮김, 철학과 현실사, 2000, 20쪽 각주 3 참조.

** 독일어 'Rede'는 '말', '담화', '화법' 등 다양한 의미가 있는데, 여기서는 대체 로 '말' 또는 '담화'로 번역하되, 문맥에 따라 '화법'으로 표기한다.

*** '오르가논'은 아리스토텔레스의 논리학 저작 전체를 가리키는 명칭이다. 6세 기부터 이 명칭이 사용되었다. 논리학이 학문의 실질적인 부분이 아니라 그 도구라는 뜻이다. 아리스토텔레스에게는 논리학(로기케)의 명칭이 없으며, 분 석론(아나류티카)이 주로 그것에 해당한다. '분석론'은 추론(推論)을 삼단논법 으로 분석해 여러 형식 및 정합성(整合性)과 진리의 관계를 논한다. 이 밖에 통념에 의한 변증적 추론(디아렉티케)을 다룬 '토피카', 우선 서술문(Aussage- sätze)을 분석하는 데 바쳐진, 즉 판단과 명제를 논하는 '명제론(Lehre von Satz)' 또는 '해석론(라틴어로 De Interpretatione, 고대 그리스어로 Περὶ Ἑρμηνείας)', 주어 와 술어 개념의 종류를 논하는 '범주론'이 포함되어 있다.

당연히 여기서는 우리가 그것을 이해한다는 의미에서, 즉 자신의 기초를 이루는 의의Bedeutung로 되돌아가는 어떤 담화의 해명Erklärung으로서 해석이 아니라, 오히려 반대로 진술 자체의 구성요소들을 해명하는 것이 문제가 된다. 이 진술은 이미 '의미의 매개Sinnvermittlung'로 파악된다. 그런 연유로 '헤르메네웨인'이라는 단어에 대한 그리스적 이해는 사태를 잘 드러내고 있다. 해석과정Interpretationsvorgang은 그 이상도 이하도 아닌 담화과정Redevorgang의 역전逆轉, Umkehrung으로서 수행되어야 한다는 것을 우리가 통찰하도록 돕기 때문이다. 이 역전은 나중에 스토아학파에 속한 사상가들이 인상 깊게 서술했듯이, '내적 담화logos endiathetos'에서 '외적 담화logos prophorikos'로 진행된다.[1]

그러므로 여기서는 외적 담화로부터 나아가 내적 담화를 추적하는 의미의 해명Sinnerklärung이 엄밀한 의미에서 해석학적 과제에 선행하며, 이 과제에 최초로 의미를 부여하는 표현을 만들어내는 수사학적 노력과 구별될 수 있다. 사람들은 어떤 표현에 대해서 그 표현이 어떤 것을 밖으로aus 드러내며(표현하며ausdrückt), 그런 한에서 어떤 **내적** 담화의 표현임을 전제하지 않고는 의미를 해

---

1 해석학에 대한 이러한 통찰의 근본적인 기능에 대해서는 J. Grondin, *Einführung in die philosphische Hermeneutik*, 2. Aufl. Darmstadt, 2001 참조(한국어판: 장 그롱댕,《철학적 해석학 입문》).

석하려 시도할 수 없다.

따라서 해석학적 주요 규칙들 대부분을 수사학으로부터 받아들인다는 사실은 우연이 아니다. 담화Rede의 기술인 수사학은 매개되어야만 하는 사상이 담화에서 효과적으로 표현되어야 한다는 생각을 기반으로 구성된다. 이는 특히 전체와 부분이라는 해석학적 주요 규칙에서 타당하다. 이 규칙에 따르면 한 저술의 부분들은 사람들이 담화의 전체 형성체와 전체 의도로부터 나아감으로써만 이해될 수 있다. 플라톤은 자신의《파이드로스 Phaidros》(264c)에서 이 원칙을 수사학적 구성의 근본 규칙으로 소개한다. 하나의 텍스트는 하나의 생명체, 말하자면 하나의 신체처럼 구성되어야 한다. 이러한 신체는 중심과 분지分枝들을 지니는데, 분지들은 서로 그리고 전체적으로 합치하는 방식으로 설계된 것이다. 해석자가 텍스트들을 올바르게 해석하려면 통용되는 수사학적 표현들Redefiguren, 즉 수사학의 '비유적 표현들Tropen'을 숙지해야 한다는 것은 자명하다. 해석학의 고전적 견해에 속하는 저명한 이론가들은 거의 예외 없이 수사학의 교사였다.

이러한 연관관계는 아우구스티누스Augustinus에게도 해당한다. 아우구스티누스 스스로 키케로Cicero의 수사학에서 강한 영향을 받았다. 그는 해석 이론가가 되기 전에 오랫동안 실행가로 활동했다. 이미 아우구스티누스의 저서에서, 예컨대 그 마지막 세 권의 책들이 첫 번째 '창세기 구절Genesis-Verse'에 대한 해석을 제공하는《고백록Confessiones》에서는 성서, 특히 사도서한과 창세기에 대한 다수의 해석들expositiones이 발견된다. 그는 창세기 해설Kommentar에서 고전적 정리定理를 수용하는데, 이 정리는 오리기네스Origines와 필론Philon von Alexandria으로 거슬러 올라간다.* 이 정리에 따르면 성서는 다양한 의의가 허용된다. "모든 성서에 서는 영원한 진리들aeterna을 보고되는 사실들facta, 미래의 사건들 futura, 명령되거나 혹은 권해지는 행위규칙들agenda과 구별하는 것이 중요하다"(Augustin, 1972, 83).[2]

---

* 알렉산드리아 학파는 180년경 판타이노스(Pantainos)에 의해 알렉산드리아에 설립된 일종의 사숙(私塾, 알렉산드리아교교)으로 형성된 학파이다. 이 교교(敎 校)는 알렉산드리아의 클레멘스와 오리기네스로 계승되고, 신입 신자에 대한 그리스도교 교리의 문답에 의한 교수가 행해졌다. 그 학풍은 성서를 비유적 으로 해석하고,《구약》을《신약》의 예형(豫型)으로 본다는 특색이 있으며, 성 서의 문헌학적 연구를 중시하는 안티오키아 학파와 대립한다. 안티오키아 학 파는 시리아 지방의 마을 안티오키아를 중심으로 3세기 후반부터 5세기 전 반까지 전개된 신학 전통으로, 알렉산드리아 학파의 로고스·그리스도론에 대립하는 그리스도론을 지녔다. 사모사타의 파울로스에서 시작되며, 테오드 로, 크리소스토모, 아폴리나리우스 등이 유명하며, 마지막으로 네스토리우스 가 나왔다. 이 학파는 아리스토텔레스의 영향을 받았으며, 성서의 문법적·역 사적 연구를 거듭함으로써 비유적 해석이 아니라 예형론적 해석에서 성서의 구제사적 통일을 더욱 나타낸 점이 우수하다(네이버 지식백과 참조).

2 Sancti Aureli Augustini, *De genesi ad litteram libri duodecim*, 1.1.1.; Deutschsprachige Fassung siehe z.B.: *Augustinus, Über den Wortlaut der*

그러나 이러한 진리들, 사실들, 미래의 사건들, 행위규칙들을 이해하기 위해서는 특정한 해석규칙들praecepta이 필요하다. 아우구스티누스는 이를 자신의 저서《기독교론》에서 소개한다. 그의 근본원칙은 모든 학문이 사물res 혹은 기호signa와 연관된다는 것이다. 확실히 사물에게는 기호에 앞서 우선권이 인정되었다. 기호에 대한 앎Kenntnis des Zeichens은 필연적으로 기호를 통해 표시되는 사물에 대한 앎을 전제로 하기 때문이다. 그래서《기독교론》의 첫 번째 책은 성서에서 서술되어야만 하는 '사물'의 해석, 즉 삼위일체의 신과 그에 의해 제시된 구원을 토대로 삼는 '기독교적 교설' 자체의 해석에 헌정되었다.

이와 관련해 아우구스티누스는 사물의 두 가지 유형을 구별한다. 첫째, 사람들이 그 자체를 위해 향유하는, 즉 자신의 목적이 자기 자신에게 있는 그러한 사물frui이다. 둘째, 사람들이 다른 어떤 목적을 위해 이용하는 사물uti이다. 단지 영원한 사물만이 진정한 향유를 담보하며, 이 사물에 대한 앎은 최고선dem summun bonum에 상응한다. 아우구스티누스에 따르면 신이 인간으로 태어난 사건의 목표는 정확히 사랑의 근본원칙에서 표현되는 이 구별을 가르치는 데서 성립했다. 여기서는 우선 자신의 피조물

Genesis, Paderborn 1961, S.3.

에 대한 신의 사랑이 중요하다. 이로부터 아우구스티누스는 (다음과 같은) 해석학적 원칙을 이끌어낸다. 모든 텍스트는, 모든 가변적인 것을 영원한 것으로 환원시키는 사랑의 신과 연관 지어 해석되어야만 한다.

성서의 진술들dicta, Aussagen과 기호들signa, Zeichen은 이러한 본질적인 사물의 견지에서 이해되어야 한다. 그러나 기호들이 어느 정도로 이러한 사물들을 참조하라고 지시하는지 이해하려면 학문들에 대한 공부가 필요하며, 특히 문법과 수사학이 요청된다. 수사학은 우리가 성서의 비유적 표현들과 문체들Stilfiguren을 포착하고 고유한 의미를 전의적轉義的 의미와 구별하도록 교육시킨다. 《기독교론》의 규칙들은 수사학적 모범에 따라 중세를 통틀어 성서해석의 기초가 되었다. 프로테스탄트 해석학 최초의 위대한 이론가들(멜란히톤, 플라시우스, 단하우어)에 의해 계속 다시 수용되면서, 이 규칙들은 '해석학'에 새로운 의의와 더불어 더욱 풍성한 결과를 가져온 슐라이어마허에 이르기까지 자기 권리를 주장할 수 있었다.

2장

슐라이어마허, 딜타이: 19세기, 더 보편적인 해석학의 성립

1. 슐라이어마허

독일 관념론의 위대한 사상가 피히테J. G. Fichte, 헤겔G. Hegel, 셸링 F. W. Schelling과 같은 시대에 살았던 (그중 프리드리히 슐레겔*의 낭만 주의에 더 가까운) 슐라이어마허는 저명한 문헌학자인 동시에 탁월한 신학자, 철학자, 해석학의 이론가였다. 문헌학자로서 그는 플라톤 대화편 전체를 독일어로 번역했다. 게다가 그는 오늘날 까지 플라톤 연구에 영향을 끼치는 중요한 입문서를 저술했다. 그러나 그의 경력은 무엇보다도 신학에서 형성되었다. 슐라이어 마허는 영향력 있는 책《종교론Über die Religion》**을 (익명으로) 발간한 후 1804년 할레Halle 대학교의 신학교수로 초빙되었다. 그는 1810년 개교한 베를린 훔볼트 대학교의 신학부 초대 학장으

---

* 카를 빌헬름 슐레겔(Karl Wilhelm Friedrich [von] Schlegel, 1772~1829)은 독일의 시인, 평론가, 학자다. 친형 아우구스트 빌헬름 슐레겔과 함께 예나의 초기 낭 만주의(Jenaer Frühromantik)의 주요 인물 중 한 명이다.

** 한국어판은《종교론》, 최신한 옮김, 대학기독교서회, 2002.

로 옮겨갈 때까지 여기에 머물렀다. 이 책에서 그는 종교가 체험된 '우주의 직관Anschauen des Universum'[1]에서 생겨난다는 이념을 변호했다. 여기서 그는 주관주의적인 단초를 신봉하는데, 이는 그의 신학뿐 아니라 그의 해석학을 특징짓는 것이다. 그는 베를린에서 유명한 교의론적 작품《기독교 신앙Der christliche Glaube nach den Grundsätzen der evangelischen Kirche im Zusammenhang dargestellt, 2 Bände》을 1821년과 1822년 사이에 발표했다. 그 외에 철학 과목 강의를 했다.《변증론Dialektik》(1839),《윤리학Ethik》(1836),《미학Ästhetik》(1842)은 그의 사후에 발간되었다.

물론 여기서 우리가 관심을 두는 것은 해석학자로서 그의 지위이다. 우리에게 중요한 사실은 슐라이어마허가 할레에서 교육을 받았다는 점이다. 이곳은 18세기 해석학의 중심지였으며,

---

1 F. Schleiermacher, *Über die Religion. Reden an die Gebildeten unter ihren Verächten*, Hamburg 1958, S.31. 처음으로 그는《기독교 신앙》(2. Aufl. Berlin 1830, S.16, 243)에서 신에 대한 '절대적인 의존'의 감정에 대해 말한다. 이에 대해 S.16 참조. "그것을 통해 경건이 동시에 모든 다른 감정들과 구별되는, 경건의 모든 그렇게 상이한 표현들의 공통적인 것은, 말하자면 경건의 그 자체로 동일한 본질은 우리가 우리 자신을 절대적으로 의존적인 것으로서, 혹은 같은 것을 말하고자 한다면, 신과의 관계에서 의식한다는 것이다"(한국어판에는 "모든 경건한 자극이 갖는 공통적인 것, 즉 경건의 본질은 우리가 우리 자신을 절대의존적으로 느끼는 것, 다시 말해서 우리가 신에게 의존하고 있음으로 느끼는 것이다"로 되어 있다.《기독교신앙》, 최신한 옮김, 한길사, 2006, 65쪽 참조).

18세기에 합리주의와 경건주의 해석학의 위대한 사상가들이 강의를 했던 곳이다. 슐라이어마허 스스로는 결코 해석학에 관한 체계적 서술이 발간되도록 허용하지 않았다. 그가 살아 있을 당시에는 두 개의 강연 텍스트만 나왔는데, 이는 1829년 베를린 학술원에서 〈볼프의 시사들과 아스트의 교범教範과 관련한 해석학의 개념에 대하여Über den Begriff der Hermeneutik mit Bezug auf F. A. Wolfs Andeutungen und Asts Lehrbuch〉로 발표되었다. 슐라이어마허는 그의 교육 활동을 통틀어 수많은 강의를 해석학에 바쳤다. 1838년 뤼케F. Lücke는 스승인 슐라이어마허의 강의 원고와 메모 노트에 기초해서 그의 발상들을 총괄해 《신약성서에 대한 특별한 관계와 더불어 해석학과 비평》을 발간했다. 이 제목은 그를 고전적인 해석학 전통에 배속시키는 것이다(여기서 '비평'이란 텍스트 비평적인 편집에 종사하는 문헌학적 분과를 가리킨다).

해석학의 위대한 이론가의 범례를 따르면서 슐라이어마허는 수사학 전통으로부터 생산적 결과물을 창출했다.[2] 더 자세히 말하자면, 우리는 그의 해석학이 형성되기 시작한 초기부터 "어떤 사고Denken가 담화Rede의 기초에 놓여 있는지 통찰되어야 하기

2 　두 학문 분과 사이의 밀접한 관계에 대해서는 J. Grondin, "Die Hermeneutik und die rhetorische Tradition", *Von Heidegger zu Gadamer. Unterwegs zur Hermeneutik*, Darmstadt, 2001, S.17-45 참조.

때문에 이해의 모든 행위는 담화(말하기, Reden) 행위의 역전이 다"라는 사실을 알게 된다(Schleiermacher, 1977, 76; Schleiermacher, 1988, 101; Schleiermacher, 1989, 114). "모든 담화는 앞선 사고에서 기인한다"(Schleiermacher, 1977, 78; Schleiermacher, 1988, 102; Schleiermacher, 1989, 115)는 것이 적중한다면 첫 번째 이해의 과제 는 표현을, 이러한 표현을 야기한 의도된 의의로 환원시키는 것 이다. "담화자가 표현하려 했던 동일한 것을 사고에서 찾게 된 다."[3] 그렇게 해석학은 수사학의 역전으로서 이해될 수 있다.

그러므로 해석학이란 "언어로부터 어떤 말의 의미를 이해하 는 과제"[4]이다. "해석학에서 모든 것을 전제하는 것은 단지 언 어뿐이다"라고 진술함으로써 슐라이어마허는 미래의 해석학 에서 이정표가 되는 표현을 제시했다(Schleiermacher, 1988, 57; Schleiermacher, 1989, 21).[5] 언어에 전념하는 해석학은 크게 두 부분 으로 나뉜다. 하나는 모든 말을 미리 주어진 언어와 구문론을 바 탕으로 철저히 다루는 문법적 해석이며, 다른 하나는 말에서 오 히려 개별적 영혼의 표현을 찾는, 때로 '기술적技術的, technisch' 해 석으로 불리는 심리학적 해석이다. 해석자가 항상 언어의 모든

---

3 *Schleiermacher-Archiv 1*, Teilband 2, 1985, S.1276.

4 Ebd.

5 *Hermeneutik*, hg. von H. Kimmerle, Heidelberg, 1959, S.38.

것을 포괄하는 영역에서 출발해야 한다고 쳐도, 사람들이 동일한 단어를 같은 의미로만 사용하지 않는다는 점은 아주 명백하다(이는 특히 어떤 언어의 어휘를 풍부하게 하는 독창적인 사고 창조물에 해당한다). 그렇지 않다면 "단지 문법만이 존재할 것이다"[6]라고 슐라이어마허는 탄식조로 말한다.

심리학적 해석은 슐라이어마허의 가장 창조적인 관점을 구현하는 것 같다(나중에 가다머는 이러한 심리적 측면의 강조Psychologisierung가 진리이해라는 목표를 시야에서 놓치게 만든다고 한다. 물론 과도한 심리학주의를 공개적으로 비난하기 위한 주장이긴 하다). 슐라이어마허는 이를 '기술적' 해석이라 불렀다. 이것은 어떤 저자의 특수한 기술technè, 즉 그의 특징적인 예술적 기교의 완벽성Virtuosität을 이해하려고 시도하기 때문이다.

슐라이어마허의 희망은 당시에 아직 존재하지 않았던 '보편적 해석학'을 전개하려는 방향으로 펼쳐졌다. "이해의 기예로서 **해석학은 아직 보편적으로 존재하지 않으며, 단지 많은** 특수 해석학 **들만이 존재한다**"(Schleiermacher, 1977, 75; Schleiermacher, 1988, 99; Schleiermacher, 1989, 113).[7] 여기서 **신약성서** 혹은 법학의 특수 해석

---

6 *Schleiermacher-Archiv 1*, Teilband 2, 1985, S.1276.

7 F. E. D. Schleiermacher, *Hermeneutik und Kritik*, 1977, S.75.

학에서처럼 제한된 영역에 국한되지 않은 하나의 보편해석학이 주목을 끌게 된다. 그리고 해석학이 보편적인 지위를 획득했다고 한다면 이는 이해의 **기예**(종종 **기예론**)로서 자신의 특성을 통해 이룩한 것이다.

이해의 강조는 전체적으로 보면 매우 새로운 것이다. 당시까지 해석학은 오히려 **해석의 기술**Kunst der Interpretation, ars interpretandi, 즉 이해로 **인도해야** 한다는 해석론Auslegungslehre으로 파악되었기 때문이다. 이제 이해는 기예론을 통해 안전장치가 필요한 이해 경과經過 그 자체이다. 이를 고수하려는 경향에서 우리는 이미 슐라이어마허의 감정신학Theologie des Gefühls에 등장한 주관적 계기를 인식할 수 있다.

이러한 강조에는 슐라이어마허의 고유한 주제설정으로 평가받는 '가능한 오해의 일반화'가 첨가된다. 우리의 이해가 옳다고 말할 때 우리는 무엇을 주장할 수 있는가? 이와 관련해 슐라이어마허는 해석에 관한 명확히 다른 두 견해를 정확하게 구별한다.

① 더 자유로운 사용: "이해는 저절로 생겨난다"는 사실에서 출발한다. 이 견해에서는 오해가 오히려 예외를 형성한다. 이 견해가 표방하는 해석학적 절차는 **"목표를 소극적으로**negative **표현한다: 오해는** 방지되어야 한다."[8] 이를 통해 해석학으로부터 보조 학문

을 형성한 해석학의 고전적 견해를 인식할 수 있다. 사람들은 다의적 구절들에 직면해 이 보조 학문에 도움을 청하게 된다.

② 더 엄격한 사용: 이는 앞선 견해와 반대로 "오해가 저절로 생겨나며, 그리고 이해는 모든 시점에서 …… 원해지고 시도되어야만" 한다는 사실로부터 나아간다(Schleiermacher, 1977, 92; Schleiermacher, 1988, 111-112; Schleiermacher, 1989, 122-123).[9]

이러한 구별에서 광범위한 귀결들이 발생한다. 더 자유로운 해석 개념은 어떤 규칙이나 기예론Kunstlehre도 추종하지 않는 어떤 직관적 절차에 부속되었다. 그뿐 아니라 이 개념은 이해가 저절로 모습을 나타낸다는sich einstellt 사실을 전제한다. 그러나 이제는 오해가 자연스러운 것이 될 수도 있고, 우리가 그에 대해 끊임없이 투쟁해야만 하는가? 이것이 슐라이어마허의 전제이다. 이해는 모든 개별적인 부분들에서 기예의 엄격한 규칙들에 적합한 방식으로 이루어져야만 한다. "해석학의 업무는 이해가 불안정할 때가 아니라, 오히려 어떤 말을 이해하려고 시도하는 맨 처음부터 시작해야만 한다."[10]

---

8   Ebd., S.92.

9   Ebd.

10   *Schleiermacher-Archiv 1*, Teilband 2, 1985, S.1272.

해석학에 결여된 것을 슐라이어마허는 나중에 가서 더 많은 방법mehr Methode이라고 정식으로 명확하게 표현했다. "해석학적 규칙들은 더 많은 방법이어야만 한다"(Schleiermacher, 1977, 84; addition non traduite par Schleiermacher, 1988, 106; non plus que par Schleiermacher, 1989, 118).[11] 그렇게 슐라이어마허는 아마도 möglichwiese 보편적 오해라는 위험을 제한하기 위해 (가다머도 마찬가지로 비판하는) 해석학을 단호하게 방법적으로 파악하는 길을 제시한다. 그와 동시에 해석학은 하나의 단순한 보조 기능을 보유하기를 멈추는 대신 이름을 가질 가치가 있는, 그 어떤 이해의 **필수조건**conditio sine qua non이 된다. 해석학은 엄밀한 의미에서 이해의 '기예론'이 된다.

그런 연유로 해석학 혹은 이해의 근본적인 절차는 재구성의 형식을 가정한다. 어떤 말을 잘 이해하기 위해, 그리고 오해로 이해과정이 이탈하는 것을 제한하기 위해 나는 이 담화를 내가 저자인 듯이 그것의 개별적인 요소로부터 재구성해야 한다.

따라서 해석학의 과제는, 슐라이어마허에 의해 종종(또한 다른 독서 방식에서) 반복된 규준의 하나를 따른다면, "말을 우선 저자가 이해한 것과 똑같이 이해하고, 더 나아가 저자보다 더 잘 이

---

11 Schleiermacher, *Hermeneutik und Kritik*, S.84.

해하는 것"[12]이다. 이 규준은 추측컨대 칸트Immanuel Kant가《순수
이성비판》에서 다음처럼 말했을 때 최초로 정식화되었다.

> 내가 지적하는 바는, 다만 저자가 자기의 대상에 대해서 표명한
> 사상과 비교해 저자 자신보다 더 잘 이해한다는 것은 일상적인
> 담화나 저술에서 결코 이상한 일이 아니라는 점이다. 저자는 자
> 기의 개념을 충분히 명확하게 규정하지 않기 때문이다(흔히 자기
> 자신의 의도에 어긋나게 말하고 생각도 하기 때문이다).(A 314/B 370)

이 규준으로부터 슐라이어마허는 자신의 해석학을 위한 보
편적 원칙을 만든다. 이 원칙과 더불어 그의 해석학은 발생사적
entstehungsgeschichtlich 설명이라는 길에 들어선다. 이제부터 이해는
"무엇에 대한 발생을 재구성하는 것"을 의미한다. 이는 발생사적
이며 심리적인 측면을 강조하는 하나의 흐름이다. 덧붙이자면,
이 흐름은 기원에 관한genetisch 해석들을 특징짓고 있으며, 이러
한 해석들의 절정은 19세기에 시작된다. 이 이념은 독일 관념론
에서 유래한다. 사람들이 어떤 것을 이해하는 것은 그 최초의 근
원에서 시작해 그 발생을 파악할 때다. 낭만주의자 슐라이어마

---

12 Ebd., S.94.

허에게 첫 번째 근원은 작가의 결단이라는 발생Aufkeimen이다. 아울러 슐라이어마허는 해석학에 심리학적인 실행Ausrichtung을 부여한다. 그래서 그는 1829년의 언설에서 "해석학의 과제는 작가가 구상하는 활동성의 전체적인 내적 경과를 가장 완벽하게 추형성追形成, nachbilden*하는 데 있다"고 말한다(Schleiermacher, 1977, 321; Schleiermacher, 1988, 186; Schleiermacher, 1989, 167).[13]

그러므로 슐라이어마허에게 해석학이 전체적으로는 자신의 고전적 규정, 즉 텍스트 해석에 충실히 머물지만, 동시에 해석학은 하나의 더 보편적인 도달범위를 획득한다.

보편성을 향한 최초의 도약은 **보편적 해석학**allgemeine Hermeneutik의 계획에서 드러난다. 이 보편적 해석학은 **이해론**Verstehenslehre이라는 제목 아래 그때마다의 텍스트 유형에 전념하는 특수 해석학들에 선행되어야만 한다는 것이다. 슐라이어마허는 이러한 보편성의 견해를 옹호했다. 그러나 해석학이 **모든** 올바른 이해에 적용될 수도 있다는 생각에서 두 번째 보편성의 계기가 나타난다. 슐라이어마허는 자신이 권유했던 엄격한 해석 절차를 추종함으로써 (사람들이 항상 고유한 표상들의 포로로 머물 수 있

---

13 Ebd., S.321.

* 'nachbilden'은 '재음미', '모방' 등의 의미가 있지만 한국의 해석학 연구에서 대체로 '추형성'이라는 표현을 사용하고 있다.

다는 것을 아는 낭만주의자로서) 가능한 오해의 모험을 일반화한다. 잘못된 이해의 가능성은 해석학적 과제를 더욱 방법적이며 재구성적인 것으로 이해하는 방향으로 인도한다. 세 번째 보편성의 계기는 1829년 발표한 강연들에서 나타난 생각을 통해 알 수 있다. 해석이 문자적 텍스트에만 국한되어서는 안 되며, 이해의 **모든** 현상들에 대해 적용할 수 있어야 한다는 것이다.

> 해석학은 또한 단지 작가의 생산물들에 국한될 수 없다. 나는 이
> 해의 습관적인 정도에서 만족하지 못하고, 실로 친구에게서 한
> 사상이 다른 사상으로 어떻게 이행되었는지 탐구하려 할 때 신
> 뢰하는 대화 한가운데서 해석학적 절차들을 꽤 자주 이용한다.
> …… 이를 위해 우리가 이론을 찾고 있는 과제는 그 해결이 결코
> 서적을 통해 눈에 고정된 말Rede의 상태에 달린 것이 아니라, 우
> 리가 단어를 통해 사상들 혹은 그 계열들을 추적vernehmen해야 하
> 는 도처에서 이루어진다는 점이 분명하다(Schleiermacher, 1977,
> 314; Schleiermacher, 1988, 177; Schleiermacher, 1989, 159).[14]

이제부터 모든 것은 해석학적 해석의 대상이 될 수 있다. 이러한 보편화는 낯선 종류의 것의 확장과 손을 맞잡고 간다. 이전에

---

14 Ebd., S.315.

는 표현된 말이 해석학의 고전적 과제의 규준에서 아직 어떤 자리도 차지하지 않았다면, 그것은 바로 이 말이 동시대적이고, 모든 순간에서 현재적이며, 그런 연유로 직접적으로 납득할 만한 것이었기 때문이다. 단지 문자적인 담화, 아주 특별하게 고대이거나 시간적으로 아주 멀리 떨어진 저자의 담화는 (하나의) 해석적 매개가 요구되는 어떤 낯선 것을 가지고 있다.

슐라이어마허는 이러한 차원을 보편화했다. 다른 사람의 말은, 그가 동시대인이라고 하더라도 항상 이질적인 어떤 것을 포함한다. 해석학의 첫 번째 규정은 실제로 슐라이어마허가 아스트F.Ast*에게 기대고 있는 사상을 따른다면, 어떤 낯선 것이 이해되어야 한다는 것이다. 슐라이어마허는 이 문제제기를, 그것이 아포리아Aporie가 전혀 아닐 경우 전체와 부분이라는 순환의 물음을 제기하는 방향으로 이끌어간다(이 물음은 나중에 '해석학적 순

---

* "1808년 셸링의 제자인 아스트는 《문법, 해석학 그리고 비판의 개요 (Grundlinien der Grammatik, Hermeneutik und Kritik)》라는 저서를 출간했다. 이 책의 목적은 고대와 역사 전체에서 표현되는 정신의 통일성을 '예감 (Ahndung)'을 통해 다시 확보하는 것이었다. 계몽주의 시기에 그러한 야심찬 과업이 해석학이라는 이름 아래 생각되는 것은 불가능했다. 아스트는 모든 정신적인 것 — 모든 이해는 도처에서 재인식하는 정신이며, 정신에게 낯선 것은 아무것도 없다 — 의 근원적인 통일성이 없다면 모든 이해는 불가능할 것이라는 동일철학(Identitätsphilosophie)의 판단으로부터 나아간다"(장 그롱댕, 《철학적 해석학 입문》, 153쪽).

환'을 발생시킨다). 슐라이어마허는 전체와 부분의 수사학적이며 (동시에) 해석학적인 규칙을 잘 알고 있었다. 그러나 그는 명백히 "우리가 이 규칙의 적용을 통해 얼마나 높이 올라설 수 있을지"라는 물음을 제기한다(Schleiermacher, 1977, 330; Schleiermacher, 1988, 194; Schleiermacher, 1989, 174).[15] 규칙은 심지어 더욱 포괄적인 의미 지평까지 확장되도록 한다. 한 문장은 그것의 맥락으로부터 이해되어야만 한다. 이 맥락은 개별 작품으로부터, 개별 작품은 전체 작품과 저자의 전기로부터, 이 전기는 다시금 역사적인 시대Epoche로부터 이해되어야 한다. 이 시대는 보편사로부터 스스로 이해될 수 있을 뿐이다. 슐라이어마허보다 조금 앞서 셸링의 제자인 해석학자 아스트는 이미 해석학적 규칙이 무제한적으로 확장될 수 있다는 사실을 인식했다(Ast, 1808). 우리가 어떤 작품을 해석하려 한다면 우리는 (이 작품의 배경이 되는) 어떤 시대의 정신을 이해해야 한다. 슐라이어마허는 그의 입장에서 이해권역의 '잠재화 가능성Potenzierbarkeit'을 제한하려고 노력했다. 이런 의미에서 그는 객관적이며 주관적인 표지들Markierungen을 정립하고자 시도했다. 객관적으로 보자면, 그가 생각하기에 작품은 그것이 속한 문학적 장르에 기초해서 이해되어야만 한다. 그러나 주

---

15 Ebd. S.330.

관적으로 보면 작품은 또한 저자의 사태Sache이다. 작품이 바로 저자의 삶에서 일부분을 형성하며, 삶에 대한 앎이 작품에 대한 이해를 밝혀야 하는 것이다.

2. 딜타이

슐라이어마허에게 여전히 문헌학과 신학의 보조 학문으로 파악되었던 해석학은 딜타이에 이르러 좀 더 방법론적인 의의를 획득한다. 방법론은 학문 유형의 기초적 방법들에 관한 반성으로 이해된다. 슐라이어마허에게 정신과학의 방법론적 정당화 문제는 존재하지 않았다. 19세기 후반부에 와서야 비로소 이 정당화가 급박해졌다. 이는 칸트가 그 방법론을 마련했다고 하는 자연과학의 비약적인 융성을 조망함으로써 생겨났다. 이 시기에 칸트는 대개 (칸트가 초감각적인 것에 대한 학문으로, 또 그로써 그 자체가 모순인 것으로 파악했던) 전통적인 형이상학에 최후의 일격을 가했으며, 철학을 자연과학의 방법론으로 변화시킨 인물로 이해되었다. 하지만 그로부터 정신과학, 역사(학), 그리고 특히 19세기에 그 발전이 부정될 수 없는 문헌학을 위해 무엇이 생겨났는가? 정말로 과학들이 중요한 문제라면 이 과학들은 방법에 기인해야만 한다. 방법이 이 과학들의 엄격함을 뒷받침한다. 이러한 방법에 대한 반성을 딜타이는 칸트와 같은 방식으로 영감을 얻는 프로그램, 이른바《**역사이성비판**》의 도움으로 수립하기를 희망했다. 딜타이는 생전에 유일하게 출간된 자신의 저서《정신과학 입문 Einleitung in die Geisteswissenschaften》(1883)에서 이와 관련된 계획을 표명했다. 딜타이는 칸트의《순수이성비판》이 나온 지 100년이 지나《역사이성비판》을 방어함으로써 정신과학의 "논리적 · 인식론적 · 방법론적" 기초놓기를 약속했다. 이 기초놓기는 정신과학을 그 고유한 범주 위에(말하자면 하나의 논리학에서), 즉 그에 적절한 인식이론Epistemologie과 그 특수한 방법들에 관한 이론 위에 근거하려는 의도를 표방했다. 이 과정에서 딜타이는 두 진영의 강력한 적대자와 투쟁했다. 한쪽은 콩트A. Comte 혹은 밀J. S. Mill의 경험적 실증주의이고, 다른 한쪽은 관념론적 철학, 특히 헤겔의 '역사 형이상학'이다. 전자에 따르면 정신과학을 위한 특수한 방법들은 존재하지 않는다. 정신과학은, 어쨌든 과학이고자 한다면 자연과학적 방법으로 환원되어야 한다고 주장한다. 후자는 그의 고유한 철학적 체계의 조건에 상응하도록 역사의 흐름을 선험적으로a priori 재구성하려고 사칭한다. 칸트가 흄D. Hume의 경험적 회의주의와 공상적 형이상학에 동시에 대항하며 싸웠던 것과 유사하게, 딜타이는 이제 실증주의와 관념주의의 절벽 사이로 역사적 이성이라는 배를 타고 가로질러 나아가려 시도한다.

딜타이는 정신과학의 방법론적 특수성을 논증하기 위해 역사가 드로이젠J. G. Droysen이 제기한 '설명과 이해 사이의 구별'을 받아들이고, 이를 기반으로 자신의 계획을 전개해나간다. 자연과학이 현상들Phänomene을 가설과 보편적 법칙으로부터 이끌어냄으로써 현상들을 설명하는 반면, 정신과학은 외적인 현상들 Erscheinugnen로부터 역사적 개별성을 이해하려고 노력한다. 정신과학의 방법론은 그렇게 이해의 방법론이 된다.

우리는 이러한 이해 개념과 보편적 이해론의 이념이 슐라이어마허에게 큰 역할을 했다는 사실을 기억한다. 딜타이의 수많은 기여에는 그가 슐라이어마허의 작품에 대해 명민한 전문가였다는 점도 포함된다. 1864년에 그는 슐라이어마허 윤리학을 주제로 박사논문을 제출했고, 1867년에 슐라이어마허의 '해석학적 체계'에 대한 중요한 연구를 수행했으며(1966년 처음 발행되었다), 1870년에 광범위한 슐라이어마허의 전기를 발간했다. 1883년에 낸《정신과학 입문》에서는 해석학을 언급하지 않았으나, 1900년 해석학의 세기를 연 〈해석학의 탄생die Entstehung der Hermeneutik〉을 발표하며 방향을 지시하는 연구를 내놓는다. 이 연구는 해석학의 발전에서 지침이 될 만한 지위를 획득했다. 이 연구에서 딜타이는 그때까지 잘 알려지지 않은 분야의 역사를 그 흐름에서 드러나는 큰 경향들을 중심으로 묘사했다. 딜타이의 시각에서 이 분야의 가장 위대한 이론가는 슐라이어마허였다. 새로운 것은 딜타이가 이 분과에 부여한 기능이었다. 이 기능은 정신과학의 커다란 방법론적 문제로부터 생겨나는 것이었다.

이제 우리는 개별 인간의 학문적 인식에 대한 물음에 직면한다. 즉, 개별적인 인간 존재를 학문적으로 담아낼 위대한 형식이 문제가 된다. 그러한 학문적 인식은 가능한가? 그리고 그런 인식에 도달하기 위해 어떤 수단이 있는가? …… 그리고 체계적인 정신과학이 개별적인 것을 객관적으로 파악함으로써 일반적인 법칙과 포괄적 연관관계를 이끌어낼 수 있다면 이해와 해석과정 또한 체계적 정신과학의 기초로 남게 된다. 그러므로 이러한 학문의 확실성은, 역사가 그렇게 하는 것과 마찬가지로, 개별적인 것의 이해를 보편타당한 수준으로 끌어올릴 수 있는지 여부에 달려 있다. (이제 우리는 정신과학의 문턱에서 모든 자연인식과 정신과학의 구별로부터 파생되는 문제에 직면하게 된다.)(Dilthey, 1947)[16]

이 물음에 대해 우리는 "문서로 기록된 기념물에 대한 해석의

---

16 W. Dilthey, *Die Entstehung der Hermeneutik* (1900), in *Wilhelm Diltheys Gesammelte Schriften*, Band 5, hg. von G. Misch, Leipzig 1924, S.317(한국어판: 《해석학의 탄생》, 손승남 옮김, 지만지, 2008, 33쪽 이하 참조. 일부 내용은 수정했음).

기예론"[17]으로 이해된 해석학의 답변을 기대하게 된다. 이 기예론은 "지속적으로 고정된 삶의 외화들"[18]을 해석하기 위한 규칙을 정식화한다. 해석의 목표는 개별적인 것을 외적 기호들로부터 출발해 이해하는 것이다. "우리는 그 안에서 외부로부터 감각적으로 주어진 기호들로부터 어떤 내적인 것을 인식하는 경과과정을 이해라고 부른다."[19] 이 내적인 것에 대한 이해는 긴요한 과제인데, 이러한 내적인 것은 우리가 직접적으로 접근할 수 없고, 외적인 기호들을 통해서만 접근할 통로가 있는 저자의 체험과 상응한다. 그런 이유에서 이해의 경과과정은 자신 안에서 저자의 표현들로부터 출발해 저자의 체험을 "새롭게 창출하는 것"이다. 표현에서 체험으로, 외부에서 내면으로 되돌아감으로써 이해는 창조 과정을 역전시킨다. 이는 해석학적 과제가 수사학적 표현을 창출했던 과정의 역전으로 간주될 수 있었던 것과 같다. 체험, 표현, 이해의 세 화음Trias은 정신과학의 해석학에 근본적인 것으로 간주된다. 만일 그렇다면 해석학은 하나의 새로운 기능을 획득할 수도 있다고 딜타이는 시사한다. 계속해서 "문서로 기록된 기념물에 대한 해석의 기예론"으로 이해되는 해석학의 '주

---

17 Ebd. S.320.
18 Ebd. S.319.
19 Ebd. S.318.

요 과제'는 "낭만주의적 자의성과 회의론적 주관성이 역사적 영역으로 끊임없이 침투해 들어오는 것에 맞서 (모든 역사의 안정성을 담보하는) 해석의 보편타당성을 이론적으로 정립하는 것"에 있다(Dilthey, 1947, 332-333).[20]

이러한 의도는 딜타이의 작품에서 계속 프로그램으로 남았다. 그러나 이러한 의도를 정신과학에게 방법론적 기초로서 봉사할 수 있도록 했던 착상은, 이전에는 해석학에서 일어나지 않았던 목적규정과 자명함Sichtbarkeit을 해석학에 부여했다. 오늘날까지 베티E. Betti와 히르쉬E. D. Hirsch 같은 저명한 사상가는 해석학에서 여전히 정신과학의 학문적 위상에 대한 방법론적 반성을 인식한다. 그들이 이 과제를 포기하게 된다면 그들에게 해석학은 모든 현존의 정당함을 상실하고 말 것이다.

그러나 딜타이의 후기 작품에는 해석학의 유산을 아주 다른 방향으로 몰고 가려는 이념이 아직 있었다. 이 이념에 따르면 정신과학에서 전개되는 이해란, 이미 인간의 삶과 역사적 삶 그 자체를 드러내는auszeichnet 이해와 해석Formulierung을 계속 추구하는 일 외에 다른 것이 아니다. 딜타이는 상이한 종류의 표현형식들을 매개로 삼아 "삶은 자기 자신을 명확히 드러낸다das Leben

---

20 Ebd. S.331.

artikuliert sich selbst"고 말한다. 정신과학의 원천이 되는 체험을 추체험하려고 노력함으로써 정신과학은 이 형식들을 이해하려 시도하는 것이다. 딜타이의 중대한 근본 통찰은 이해와 설명이 정신과학의 특수한 방법들일뿐만 아니라, 이미 삶 자체를 특징짓는 의미와 표현을 향한 시도의 더 근원적인 형식들이라는 생각이었다(이 근본 통찰은 역사적 삶에 대한 보편적 철학으로 합류했어야 했다. 딜타이의 후기 작품 속에는 그러한 철학에 대한 증거가 드러난다).

삶 자체의 이러한 '해석학적 차원'은, 니체가 거의 같은 시기에 힘에 대한 의지를 기반으로 한 자신의 보편적 철학으로부터 발전시킨 발상들에서 확증되었다. 니체에게 사실들은 존재하지 않으며, "단지 해석들만"이 존재한다. 그러므로 딜타이의 마지막 작업에서처럼 니체로부터 암시되는 것은 해석학, 혹은 철저히 해석적인 우리 세계경험의 보편성이 드러나는 새로운 용모다. 그러나 바로 해석학적 경험의 이런 보편적 차원이 정신과학의 인식론적 기초놓기라는 딜타이의 꿈을 문제시하게 만든다. 그에 따르면 이러한 기초놓기는 정신과학이 해석의 보편타당성을 단호하게 보장받도록 허용할 수도 있다. 딜타이의 유산(하이데거와 가다머) 대부분에서 이 꿈은 딜타이의 최후 작업들이 그 속으로 합류했던 삶의 근본적인 역사성과 합치될 수 없는 것으로 입증된다. 이는 해석을 새로운 과제와 직면하게 만든다.

3장
하이데거:
해석학의 실존론적 전회

해석학이 18세기까지, 즉 19세기에 이르러 정신과학의 방법론의 지위에 올라서기까지 텍스트 해석의 기예론Kunstlehre에 계속 머물렀다면, 20세기에 해석학은 전혀 다른 것, 즉 하나의 '철학'이 되는 동시에 항상 유행에 등장하는 개념이 되었다. 처음에 이는 딜타이 학파의 내부에만 부합하는 이야기였다. 딜타이의 제자 게오르크 미쉬G. Misch는 '해석학적 논리학'을 발전시키고자 노력했다. 이는 논리학과 과학의 근본 범주들이 삶 자체의 이해탐색Verstehenssuche과 의미탐색Sinnsuche에 그 원천이 있음을 증명하려는 시도였다. 미쉬는 이러한 논리학을 무엇보다도 자신의 강의들에서 소개했다. 그 강의들은 아주 늦게, 1994년에야 출판되었다(Misch, 1994). 그렇기에 이 논리학은 해석학적 사고의 전개에서 보잘것없는 역할만을 수행했을 뿐이다.

물론 마르틴 하이데거가 홀로 이룩한 것은 아니지만, 그는 고유한 철학 형식이 된 해석학의 이러한 철학적 변형에서 주요 매개자로 평가되어야 할 것이다. 이런 방향으로의 주제설정은 실로 딜타이와 니체 이후에 그 조짐이 있었다. 하이데거와 더불어 해석학의 대상, 규정, 위상이 변화된다. 이제 해석학에서 문제가 되는 것은 더 이상 텍스트 혹은 해명하는 학문erklärende Wissenschaft 이 아니라 실존 자체이다. 이러한 이유에서 우리는 해석학의 실존론적 전회에 대해 말할 수 있다. 또한 해석학의 **규정**은 엄청나게 변화한다. 해석학은 더 이상 기술적·규범적·방법론적으로 이해되지 않기 때문이다. 해석학의 기능은 이제 좀 더 현상학적이며, 심지어 그것의 위상 변화로부터 야기되는 단어의 새로운 해방적 의미에서 '해체적'이다. 이제 해석학은 더 이상 해석(혹은 그 방법)에 **대한** 반성만이 아니다. 해석학은 철학 자체와 융합하는 해석과정의 실행으로서 이해된다.

1. 현사실성Faktizität의 해석학

결코 언급된 적이 없지만, 하이데거가 자신의 사유를 1923년 강의에서 '현사실성의 해석학'으로 드러냈을 때, 그는 해석학으로부터 철학을 만든 최초의 인물이었다(그는 이 강의를《존재와 시간》에서, 그리고 1959년에도 인용한다). 여기서 현사실성은 구체적이고, 그때마다의 현존재를 가리킨다.* 이 현존재는 우리 직관의

---

* '현사실성(現事實性, Faktizität)'이란 현존재(現存在, 인간)가 세계 속으로 피투된

대상이 아니라 오히려 그 속으로 우리가 던져진, 그리고 우리가 분명히 각성할 수 있거나 그럴 수 없는 어떤 모험Abenteuer이다.

현사실성의 해석학이라는 착상은 1927년《존재와 시간Sein und Zeit》에서 현존재의 해석학이라는 착상처럼 소유격Genitivus의 다의성에 상응하는 절묘한 양의성을 포함한다. 예를 들면 '적들의 공포die Angst der Feinde, mentus hostium'는 한편으로 우리가 적들에게 품는 공포(목적어로서의 소유격genetivus obiectivus)를, 다른 한편으로는 적들이 우리에게 품는 공포(주어로서의 소유격genitivius subiectivus)를 의미할 수 있다.

객관적인 의미에서 현사실성의 해석학은 철학이라는 문제적 fraglich 인간 현존재 이외에 다른 대상이 없다는 뜻이다. 이 대상은 근본적인 의미에서 '**해석학적 존재**ens hermeneuticum'로 이해된다. 매우 넓게 파악된 해석학이라는 이러한 견해는 세 가지 원천들로부터 공급된다. ① 부분적으로 해석학은 딜타이와, 삶 자체가 해석학적이라고 주장하는 이념에서 유래한다. 즉, 해석학은 자기 자신의 해석을 목표로 한다. ② 더 나아가 해석학은 후설Edmund Husserl의 지향성 이념으로부터 영향을 받았다. 이러한 이념에 따

채 과거부터 현재까지 존재해왔다는, 현존재의 현재완료적인 존재의 사실을 가리키는 말이다. 이러한 현사실성은 눈앞에 있는 현전자(現前者)의 사실성과 구별되는 현존재의 시간적·역사적 존재성격을 나타낸다.

르면 의식은 의미를 수립하면서sinnstiftend 어떤 대상(사태 Sachverhalt)을 향한다. 세계는 끝없이 의미를 탐색하는sinnsuchend 조망에서 지각되는데, 이 조망이 대개 그 대상들을 처음으로 구성한다. ③ 마지막으로 해석학의 사상적 총화는 키에르케고르s. Kierkegaard의 기독교 철학에서 유래한다. 그는 어떤 선택에 대해 말하는데, 이 선택 앞에 자기 존재의 방향설정에 대해서 결정해야 하는 실존이 놓여 있다고 본다. 이 선택은 실존이 불확실한 어떤 것etwas Fragliches이며, 해석되어야 한다고 전제한다. 이것은 이제부터 해석학의 새로운 대상이다.

주어로서의 소유격genitivius subjectivus으로 이해될 때 현사실성'의' 해석학이라는 기획은, 그러나 실존 자체에 대한 이 해석이 선취先取되어야 한다고 제안한다. 다른 말로 표현하면, 철학자 혹은 현사실성의 해석학의 저자는 실존의 위치에 자신을 정립하면 안 된다. 그는 기껏해야 '형식적 지시를' 고안해낼 수 있는데, 이는 (각각의) 실존이 자신의 고유한 존재 가능성을 점유할 수 있도록 허용한다. 그러나 실존 자체에게는 자신의 고유한 현사실성의 해석학을 고안해 만드는 것이 적절하다.* 하지만 실존이 해석

---

* "해석학은 현존재의 가능한 자기명료성의 견지에서 구상되었지만, 스스로 깨어 있음으로 향하는 길을 택하거나 건설하도록 충고하지 않는다. 자기명료성에 이르는 자신의 길을 여는 것은 각각의 개별 현존재의 판단에 맡겨져야

들의 한가운데서 살아가므로 실존은 이미 자기 자신의 해석학을 다소간 무의식적으로 실천한다. 자기 자신의 '해석Auslegung'이라는 이러한 가능성은 실존이 원래부터인von Haus aus 그것에 기반을 둔다. 즉, 그것은 (하나의) 열린 공간을 기반으로 하는데, 이 공간은 본능의 지배를 통해 완전히 조절되지 않으며, 고유한 삶의 근본방향을 결정하고, 스스로를 '소외된' 해석들로부터 자유롭게 할 수 있는 것이다.

그래서 하이데거에서의 현사실성은 인간 실존의 토대적인 '존재방식'과 그가 또한 '현존재'*라고 부르는 것의 존재방식, 즉 '이러한 거기에 피투되어 있음 그리고 그것을 감당해야만 한다는 것In-dieses-da-geworfen-sein-und-damit-fertig-werden-müssen'의 그러한 현상을 나타낸다. 이 존재는 나의 그때그때의 존재이며, 나에게 이 존재는 (내게) 마주 서 있는 어떤 '대상'이 아니며, 결코 본질적으로 어떤 '대상'이 아니다. 이 존재는 철저한 걱정과 동요의 양

한다. 철학적 해석학은 현존재에게 이 해석이라는 실존 범주에서 지시된 길을 상기시키는 것으로 만족해야 한다"(장 그롱댕,《철학적 해석학 입문》, 218쪽).

* 하이데거가 말하는 현존재(Dasein)란 '거기(Da) 있음(sein)'이라는 일차적인 의미를 지닌다. 즉, 현존재는 거기에 존재하고 있으며, 존재해야 하는 가능성을 의미하며, 현존재의 본질은 바로 그의 실존에 놓여 있다. 이때의 실존성은 '세계 내 존재(Das in-der-Welt-sein des Dasein)', '더불어 있음(공동 현존재, Mitdasein)', 그리고 '처해 있음(상태성, 精狀性, Befindlichkeit)'과 '이해'의 실존 범주를 갖는다.

식Modus에서 지탱되는 자신에 대한 어떤 관계이다. '해석학'이라는 개념은 이러한 현사실성에로의 접근을 위해 우연히 선택된 것이 아니다. 하이데거는 이 개념이 현사실성 자체에 기반을 둔다는 점을 강조한다. 그러므로 현사실성은 ① 해석의 능력이 있으며, ② 해석이 필요하며, ③ 항상 이미 해석Auslegung에서, 특정한 현존재 해석Daseinsinterpretation의 한가운데서 생존했다.[1]

현사실성은 단순히 이를 잘 망각하며, 그것과 함께 자기 자신을 망각한다. 그러므로 현사실성의 해석학이 해결해야 할 과제는, **목적어로서의 소유격**genetivus obiectivus의 의미에서 현사실성을 자기 자신으로부터 기억하는 것, 현사실성을 자기망각성에서 구해내는 것이 될 것이다. 이 해석학은 공격의 특성Angriffscharakter을 소유하는데, 모든 각각의 현사실성을 목표로 한다. "해석학의 과제는 각각의 고유한 현존재를 자신의 존재성격에서 이러한 현존재 자체로 다가가게 만드는 것, 통보하는 것, 현존재를 처박히게 만든 자기소외를 추적하는 것이다"(Heidegger, 1988, 15).[2]

다른 말로 표현하면 자기 자신에 대한 현존의 깨어 있음Wachsein(각성)이 중요하다. "해석학적 탐구의 주제Thema는 **각각의**

---

1 M. Heidegger, *Ontologie* (*Hermeneutik der Faktizität*), Gesamtausgabe, Band 63, FfM, 1988, S.15.
2 Ebd.

고유한 현존재je eigne Dasein이고, 더욱이 그 자신의 근원적인 자각 Wachheit의 형성을 의도하며 해석학적으로 자신의 존재성격을 물어가는 것이다."[3] 여기서 우리는 하이데거가 전통적인 해석학으로부터 얼마나 떨어져 있는지 그 거리를 지각하게 된다. 해석학은 더 이상 텍스트와 관계하지 않으며, 오히려 자기 자신에 대해 깨어 있기 위해, 그리고 자기 자신에 대해 깨어 있고자 모든 각각의 개인적 실존과 관계한다!

실존이 요동쳐야만 하므로 실존을 태만한 게으름Schläfrigkeit의 상태에서 유지하는 해석은 파괴되어야 한다. "해석학은 자신의 과제를 단지 해체의 길 위에서만 성취한다"(Heidegger, 1988, 32).[4] 만약 어떤 파괴가 필요하다면, 그것은 현존재가 자기 자신을 이 길에서 벗어나게 하려고 시도하기 때문이다. 현존재는 자기 자신에 대한 근심에 관통되면 될수록 현존재 자신인 이러한 걱정스러운 자기근심으로부터 해방을 추구한다. 현존재는 자기 자신을 안심시키고자 스스로 길에서 벗어나려 시도한다. 그리고 그때 자기 자신을 '그르치는verfelhen' 경향에 굴복한다. 이 경향은

---

3 Ebd., S.16.

4 M. Heidegger, *Phänomenologische Interpretation zu Aristoteles* (Azeige der hermeneutischen Situation), in *Dilthey-Jahruch 6*, 1989, S.249 참조.

그림자처럼 현존재를 따라간다(Heidegger, 1992, 19, 23).[5] 그래서 현존재 자신은, 평균성이 '일상의 사람世人, man'과 여론을 통해 강요되는 것처럼 그것에 굴복하게 된다.

다시 한번 강조하자면, 하이데거는 구체적인 현존재에게 교화모델Erbauungsmodell과는 전혀 다른 것을 제안해야만 한다. 단순히 현존재를 가만히 내버려두고 자기 자신의 주도권을 잡는 것을 놓치게 만든다면, 현존재가 부분적으로 그가 원래 그러한 존재인 것을 중지한다는 사실을 하이데거는 상기시킨다. 이러한 '비본래적' 현존재에게 하이데거는 본래성의 이상理想을 대립시킨다. 이러한 이상은 현존재가 (하나의) 열린 공간인 한 이미 현존재에 내재하는 것, 즉 자신의 존재 해석을 규정하는 능력을 지닌다. 그러므로 어떤 새로운 모델을 제안하는 것이 아니라, 현존재에게 본래적으로 그러한 존재가 되도록 요구하는 것이 중요하다. 이는 그의 존재와 연관된 토대적인 결단들이 내려지는 '거기에da' 존재할 수 있는 어떤 존재이다. 그러나 이 존재는 대부분 다른 곳에 있으며, 분산되고 자기 자신을 소외시키며 '떨어져weg' 있다.

---

5 Ebd., S.238, 242.

2. 《존재와 시간》에서의 현존재의 해석학

1923년의 해석학 프로그램은 1927년에 발표된 하이데거의 주저 《존재와 시간》에서 다시 수용된다. 그러나 이제는 기초존재론이라는 새로운 기획을 위해 제시된다. 여기서 철학은 실제로 존재론으로서 사고되었다. 그 철학의 첫 번째 질문이 존재와 관계되기 때문이다. 하이데거에 따르면 이 질문은 여러 이유로 절박하다. ① 학문에서 이러한 질문은 우선 근본적 의의가 있다. 어떤 대상에 대한 모든 지식과 관계는 존재에 대한 하나의 특별한 이해에 기인하는데, 이 존재와 우리는 관계가 있다. 이리하여 존재는 그 어떤 학문적 탐구도 외면할 수 없는 전제이다. 그러나 이를 명백히 하는 것은 철학의 용무Sache이다. ② 존재의 물음은 현존재 자신을 위해 긴박한 것으로서 더욱 기본적으로 증명된다. 현존재는 "그의 존재에서의 이러한 존재자에게 이 존재 자체가 중요한"[6] 것을 통해 두드러진다. 따라서 철학 자체에 더 본질적인 물음이 존재하지 않는다. 물론 이러한 상황 인식은 1927년 발행된 책의 가장 첫줄에서 이 물음이 당시 망각되었음을 지적하

---

6   M. Heidegger, *Sein und Zeit*, Tübingen, 14. Aufl. 1977, Original paginierung, S.12(한국어판 《존재와 시간》, 이기상 옮김, 까치, 1998을 참조했음).

고 비꼬는 투로 묘사되어 있다. 그러므로 철학과 실존은 그들의 근본물음인 존재물음을 "망각했다."

그러므로 우리는 이러한 물음에 접근하는 새로운 통로를 개척해나가야 한다. 이 목적을 달성하기 위해 하이데거는 현상학적 방법을 따르자고 제안했다. 이러한 방법은 먼저 금지하는 verbietenden 특성을 띤다. 현상들에 대해 말해지는 모든 것은 직접적인 정당화의 대상이어야만 한다. 그러나 이제, 이것이 이른바 존재와 마주해 생겨나는 어려움인데, 존재는 드러나지 않으며 결코 직접적으로 드러나지 않는다. 이는 특히 물음이 포기되거나 인식론의 문제제기를 통해 은폐되기 때문이다. 현상학이 가리켜야 하는 것은, 첫눈에 드러나는 것이 아니라 처음에는 은폐되어 있으며 명백한 폭로가 필요한 것이라고 하이데거는 말한다.

현상학이 '보이게 해주어야sehen-lassen' 할 그것은 무엇인가? …… 분명히 우선 대개는 바로 자기 자신을 내보이지 **않고** 있는 그러한 것, 우선 대개 자기 자신을 내보이고 있는 그것에 비추어볼 때 **은폐되어** 있는 것이지만, 그럼에도 동시에 우선 대개 자기 자신을 내보이는 그것에 본질적으로 속한 것으로서 그 의미와 근거를 이루는 것이다(Heidegger, 1985, 47; Heidegger, 1986, 62).[7]

그렇게 현상학은 존재망각 때문에 일상적으로는 드러나지 않는 근본현상으로서 이해된 존재로의 접근을 보증해야만 하는 도정道程이 된다.

그러나 어떻게 우리가 스스로 드러나지 않으며, 존재론의 대상인 것을 "보이도록 해주는가sehen-lassen?" 하이데거는 이 딜레마를 세심하게 현존재의 해석학으로 이해되는 해석학과 관련지어 해결한다. 그렇게 현상학은 하나의 '해석학적 전회'를 경험한다. 하이데거가 현상학과 해석학이라는 개념에 몰두하는 복잡한 상론詳論은, 존재현상의 은폐성이 우연이 아닌 차폐Verdeckung의 결과라는 사실을 암시한다. 이 은폐는 자세히 말하자면 현존재의 자기은폐에 기반을 둔다. 이 현존재는 존재주제Seinsthema를 억압함으로써 무엇보다도 자신의 유한하고 사멸적인 존재로부터 도주하려 한다. 따라서 현존재의 해석학의 과제는 현존재와 자신의 핵심 주제, 즉 자기 스스로 존재를 은폐적으로 유지하려는 경향과 반대로 다시 획득하는 것이 된다(1923년의 강의에서는 다시 '일깨우다'로 되어 있다).

여기에서는 가장 밀접하게 결합되어 있는 이중적인 망각함을 저지하는 것이 중요하다. 현존재 자체의 망각(즉, 과제와 기획으

---

7   Ebd., S.35.

로서의 자기 자신에 대한 망각)과 철학의 근본주제로서 존재 자체의 망각이 그것이다. 두 경우에서 망각함은 (하나의) '해체Destruktion', 즉 현존재와 철학의 근본주제로서 존재의 은폐Verbergung를 위해 결정적 근거들을 발견하도록 요구한다. 《존재와 시간》의 서문은 존재의 망각함을 강조한다. 그러나 작품이 계속 진행되면서 이 망각함이 현존재의 자기망각함과 더불어, 단지 그것의 원칙적 성격을 입증하는 자신의 유한성에 기인한다는 점이 명확하게 규명된다.

이중적인 망각함을 지양하려면 하나의 해석학, 즉 '해체적인' 폭로가 필요하다. 여기서 **해체적**destruktiv이라는 것은, 은폐된 현상을 해방시키려 시도하며 겹겹이 쌓인 층위들을 허문다는Abtragen 긍정적인 의미로 항상 이해된다. 한편으로는 현존재 자체의 해석학이 요청되는데, 이 해석학은 현존재를 자신의 자기은폐로부터 구해낸다. 다른 한편으로 존재의 **철학적** 망각함의 해석학은 존재론의 역사의 '해체'라는 계획 아래 출현을 예고한다.

따라서 《존재와 시간》은 내용적으로 매우 촘촘한 지면 위에서[8] 해석학 아래 무엇이 이해될 수 있는지에 대해 (하나의) 정확하고 빠듯하게 총괄하며, 간결한 특성을 파악Charakterisierung하는 데

---

8   Ebd., S.37.

도달한다. "현상학적 기술記述의 방법적 의미"는 '기술'이 규명하며 해체하는 **해석**작업Interpretationsarbeit을 수행해야 했던 한에서 (하나의) '**해석**Auslegung'이 된다(우리도 곧 **해석**의 이러한 결정적 개념으로 되돌아온다). 현상학의 이러한 해석학적 의미는 우리 현존재에게 속한 두 가지 일들Dinge이 존재이해에게 '통지되어야'만 한다는 사실을 강조해야 한다. ① "존재의 본래적인 의미"와 ② "그의 고유한 존재의 근본구조들"이 그것이다. 그러나 존재의 의미와 우리의 것인 현존재의 근본구조들을 통지하기 위해서는 어떤 명백한 "현존재의 존재에 대한 해석"으로부터 나아가도록 요구된다. 이 해석이《존재와 시간》에서 철학적으로 근원적인 해석학의 의의를 형성한다. 이 의의가 첫 번째 위치에 서 있다. 이것이 하이데거가 시작하려는 현상학적 존재론의 실제적 기초를 준비하기 때문이다. 존재물음을 일깨우기 위해 현존재가 원래 실행하는 어떤 해석적인, 즉 다소간이나마 밝혀진 존재이해를 분명하게 만드는 해석으로부터 나아가야만 한다.

말 그대로 기본적인 이러한 문제제기를 고려해, 하이데거는 단지 "암시적인 방식에서" 우리가 해석학이라는 표현 아래 "역사적 정신과학의 방법론"을 이해할 수 있다고 말한다. 이는 무조건적인 경멸의 의미가 아니다. 다만 하이데거는 우리가 그런 어떤 방법론을 완성하기 이전에 가장 먼저 현존재의 해석학을 마무리해야 한다고 주장할 따름이다. 어쨌든 하이데거는 딜타이의 해석학 견해로부터 분리된다. 하이데거는 해석학을 더욱 확고하게 현존재 자체에 결속시키는, 좀 더 근원적으로 시도하려는 단초의 명목으로 현존재의 해석학을 수행한다. 그러나 동시에 그는 후기 딜타이의 경향을 매우 근본적으로 변화시킨다.

3. 이해에 관한 하나의 새로운 해석학

따라서 해석학은, 하이데거가 '실존범주Existenziale'라고 부르게 되는 존재의 본질적인 구조에서 현존재를 상기시킨다고 기대하게 만든다. 근본적으로 염려하는besorgtes 존재이해가 현존재에 내재한다면, '이해'라는 실존범주에 어떤 기초적 의의가 주어진다는 것이 쉽게 짐작된다. 그러나 이해는 그와 함께 완전히 다른 하나의 의미를 획득한다.

우리는 이미 현존재가 해석학적이라는 것을 알고 있다. 현존재는 그 근본에서부터 하나의 **이해하는 존재**ens hermeneuticum이기 때문이다. 그러나 '이해한다'는 것이 무엇을 의미하는가? 하이데거는 다시 한번 오래된 전통과 단절한다. 그는 '이해한다'에서 인식함Erkennen, intelligere보다는 할 수 있음Können, 어떤 능력, 어떤 노하우Know-how, 혹은 숙련성을 발견한다. 이를 위해 그는 독일어

관용구 '무엇에 숙달하다sich auf etwas verstehen', 즉 '어떤 일을 훤히 알고 있다sich kennen', '어떤 것에 능력이 있다zu etwas fähig sein'를 증거로 제시한다. '무엇에 숙달함'은 재귀동사인데, 이 동사는 실행에 나를 포함시킨다. 그것은 항상 그곳에서 전개되는, 또한 이해에서 어떤 것을 감행하는 내 자신의 가능성이기 때문이다.

그러므로 이해는 '할 수 있음Können'이며, 이러한 '할 수 있음'에서 '할 수 있게 되는gekonnt' 것은 항상 나 자신의 가능성, 따라서 '자기이해Sich-Verstehen'이다.

현존재와 자기 자신에 대한 토대적인 염려Besorgnis에 뿌리를 내리면서 각각의 이해는 기투의 구조를 획득한다. 이해는 현존재가 연대기적으로 방향설정을 하려는 욕구에서 생겨난 의미기대들Sinnerwartungen과 의미선취들Sinnvorwegnahmen을 결합하는 과정 한가운데 자리한다. 실존 속으로 '던져져서geworfen' 이해는 이해기획들을, 즉 세계와 더불어 끝까지 가며zurande zu kommen, 그리고 세계를 감당할 능력이 있는 똑같은 정도로 많은 가능성들을 받아들이면서 지탱한다. 그러나 이러한 피투된 존재를 규명하는 것, 이러한 기대들을 알리는 것, 그래서 이해기획들을 자기 것으로 삼는 것(전유하는 것)이 가능하다. 이해는 하이데거가 해석Auslegung이라고 부르는 것에서 충분히 규명된다.

그와 함께 하이데거는 해석학의 고전적 과제를 정의했던 개념, 즉 해석Interpretation, Auslegung을 적용한다. 하지만 그는 이 개념에 전례 없는 의미를 부여한다. 그는 해석이 '이해의 형성'[9] 외의 다른 것이 아니라고 말한다. 물론 이것이 모두의 마음에 드는 것은 아닐지라도, 자신의 특유한 언어적 천재성과 더불어 하이데거는 형성Ausblidung과 해석Auslegung이라는 개념들의 '매듭을 푸는', 선별하고 분리시키는 함축들을 부각한다. '해석Aus-legung'은 독일어에서 'Interpretation'과 동의어로 기능하는 개념이다. 즉, 이 개념은 정확히 '서로 떼어낸다auseinanderlegen', '특정 부분이 눈에 뜨이게 강조한다herausarbeiten', 바로 '망각에서 벗어남, 그리고 밝음으로 고양하는 것 또는 놓은 것'을 의미한다. 이것이, 즉 다른 것이 아니라 바로 이것이 해석Auslegung, Interpetation이다.

이러한 견해는 적어도 **해석**interpretatio의 고전적인 문제제기와 비교해 두 가지 중요한 위치이동Verschiebung을 초래한다. ① 규명되어야 할 것은 먼저 텍스트의 의의 혹은 **저자의 의도**die mens auctoris가 아니라 오히려 이른바 현존재 자체에 내재한 의도, 즉 자신의 기획함이 지닌 의미이다. 이 이동은 텍스트 해석의 모범을 능가하는 하이데거 해석학의 **실존론적 전회**와 아주 밀접하게 연관되

---

9   Ebd., S.148.

어 있다. 이는 하이데거의 유산이 불트만, 가다머, 리쾨르에게 발견되는 것처럼 이러한 전회에 대한 반작용도 당연히 생겨나게 만들었던, 하나의 위치이동이다. ② 해석Interpretation oder Auslegung 은 여기서 더 이상, 해석학의 고전적 견해에 자명한 것이었던 해석과 이해의 목적론적 구조에 적절한 방식을 통해서 이해로 **인도해야** 하는 절차가 아니다. 오히려 해석은 이제 해석에 선행하는 이해 자체의 비판적인 규명함Erhellen이다. 먼저 이해가 있고, 그 다음에 해석Auslegung이 있다. 이때 이해는 스스로를 이해하는 것,[10] 흡사 자신의 전제들을 지각하는 것에 도달한다. 이해는 하이데거가 '해석'이라 부르고 해명하는 해석erläuternde Interpretation 으로 파악할 때 자기 자신을 명확하게 의식할 수 있는 삼중의 구조를 구비한다. 모든 이해는 다음과 같은 것을 보유한다.

① 앞서 가짐Vorhabe: 그로부터 모든 이해가 이해하는, 하나의 지평

② 앞서 봄Vorsicht: 모든 이해는 특정한 의도 혹은 방향에서

---

10 Ebd., S.148. "이해의 기획투사는 스스로를 형성할 수 있는 고유한 가능성을 가지고 있다. 이해의 이러한 형성을 우리는 해석(Auslegung)이라고 부른다. 해석에서 이해는 자신이 이해한 것을 이해하면서 자기 것으로 만든다. 해석에서 이해는 다른 어떤 것이 되는 것이 아니라 오히려 그것 자체가 된다."

실행되기 때문이다.

③ 앞서 잡음Vorgriff: 모든 이해는 이해되어야 하는 것이 존재한다는 것을 선취하며, 그리고 아마도 순수하지 않은 개념성Begrifflichkeit에서 전개되기 때문이다.

설명하는 해석의 목적은 선취의 이러한 구조와 그것이 함축하는 것을 그 자체로, 그리고 그러한 것으로 등장하게 하는 것이다. 하이데거는 여기서 명백히 계몽의 추진력에 의해 고무되었다(이 추진력은 그의 제자인 가다머에 이르러 더 온건해진다[11]). 우선 《존재와 시간》에서 하이데거는 문헌학적 해석 가능성과 이해 가능성에 대해 생각하지 않는다. 그는 중점적으로 선취들의 두 가지 유형을 생각하는데, 이 유형은 해명 혹은 '해체'를 기대한다.

① 어떤 특정한 존재 개념의 선취['지속적인 현존성Anwesenheit으로서' (존재하는) 무엇은Was ist 지속적인 현존성 혹은 전재성Vorhandenheit/前在性에서 이것을 지배하는 시각에 제공되는 그것이다. 하이데거에 따르면 이는 형이상학의 전체 역사를 지배했다고

---

11 이는 당연히 지나치게 함축적인 표현(Understatement)이다. 하이데거가 해석(Auslegung)을 통한 이해의 계몽 가능성을 강조하는 반면, 가다머는 오히려 계몽의 한계를 가리킨다.

하는 견해이다.]

② (사고하는 본질 혹은 '이성적 동물animal rationale'로서 인간의) 어떤
특정한 실존개념의 선취

하이데거의 물음은 여기서 대략 다음과 같다. 어디에서 존재
와 인간인 것에 대한 이러한 선이해가 유래하는가? 그것들은 그
자체로 언제나 명백하게 만들어졌는가?《존재와 시간》에서 그
는 이 물음을, 현존재에게 선천적인 이해와 해석의 구조를 존재
와 인간의 물음에 적용함으로써 해명하려고 기도했다. 그렇게
《존재와 시간》이라는 저서는 철학적 의미에서 존재와 현존재의
해석학을 실천한다. 이 해석학은 이미 자기해명의 가능성으로서
의 현존재에서 실행된다. 다시금 하이데거를 고전적 해석학으로
부터 분리시키는 차이가 주목을 끈다. 여기서 중요한 것은 어떤
텍스트의 의의 혹은 어떤 저자의 사고를 해명하는 것이 아니라,
현존재가 고유한 것을 파악했는지 아닌지를 규정하기 위해 현존
의 선이해를 규명하는 것이다.

4. 이해의 순환

하이데거에 따르면 모든 이해는 고유한 현존재 자체를 위한 염

려에 의해서 강요되는 선취들을 근거로 삼는다. 그러므로 현존재는 해석을 고대하는 어떤 특정한 '앞서 가짐', '앞서 봄', '앞서 잡음'으로부터 이해된다. 다르게 말하면 이해의 **백지상태**tabula rasa는 존재하지 않는다. 이해의 **백지상태**라는 이러한 이상理想은 곧 19세기 해석학의 학문적 방법론을 위한 규범으로서 특히 딜타이가 권유했다. 해석학은 바로 객관성 또는 보편타당성에 대한 정신과학의 요구를 논증하기 위해서 해석의 주관성을 제거해야만 하는 학문 분과Disziplin로 이해되었다. 이때 여기서 우리는 해석자와 그 시대의 선입견들을 제거할 때만 '객관적으로' 해석할 수 있을 뿐이라고 전제되었다.

이러한 객관성의 이상理想을 기준으로 측정하면, 이해와 해석에 대한 하이데거의 견해가 하나의 '순환'으로 귀착되는 듯 보인다. 이 순환은 어느 모로 보나 악순환이다. 즉, 어떠한 객관적·중립적 해석이 더 이상 불가능한 것처럼 보인다. 실로 모든 해석이 그렇게 보이는데, 이는 단지 이전에 성립한 이해의 마무리이기 때문이다. 그로부터 고전적 해석학을 규정했던 문제가 생겨난다. 이러한 기분 나쁜 순환에서 어떻게 벗어날 수 있는가? 어떻게 궁극적으로 해석자의 사전 기획들로부터 독립적인 하나의 해석을 성취하는가?

하이데거의 눈에는 이러한 순환에서 벗어나려 시도하는 것이 더 이상 현존재에서 생겨나지 않는 이해에 도달하려는 희망처럼 다가왔다. 그러한 것이 존재하지 않는다는 점을 도외시하고 그러한 환영을 추종하는 것이 하이데거에게는 이해를 완전히 그르치는 것을 의미하게 된다. 이해는 결코 현전하는 것에 대한 단순한 앎이 아니며, 오히려 현존재가 자기 자신을 동반하는 (자신의 '선구조'와 더불어) 현존재의 자기기획Sich-Entwerfen이다. 그와 함께 모든 선취들은 마치 임의적인 것이 방조될 수도 있듯이 그렇게 정당화되지는 않는다. 따라서 하나의 비판적인 차원이 보존되어 머문다. 실로 중요한 것은, 자세히 말해 선취의 '비판적 계몽'으로서 해석의 비판적 차원이다. 그런 연유로 하이데거는 해석학의 가장 유명한 구절에서 선언한다. "결정적인 것은 순환에서 빠져나오는 것이 아니라, 오히려 그 안에 올바른 방식으로 들어가는 것이다."[12] 그에게 해석 혹은 해석의 일차적인 과제는 임의적인 선입견들에 굴복하지 않으며, 오히려 이해선취들의 구조를 '사태 자체로부터' 확보하기 위해 가장 먼저 부각시키는 것이다(이런 맥락에서 하이데거는 자신이 사태와 사고의 적절성으로서 고전적인 진리개념을 결코 거부하지 않는다는 점을 이해하도록 요구한다).

---

12 Heidegger, *Sein und Zeit*, S.153.

따라서 하이데거의 해석학적 규준은 이해의 기대구조를 그러한 것이 전혀 없는 것처럼 행하지 않고, 오히려 드러내는 데서 성립한다. 동시에 그는 해석Interpretation oder Auslegung을 하나의 엄격하고 자기비판적인 실행으로 요구했다.《존재와 시간》은 존재이해와 실존이해의 해석학적 전제들에 질문을 던짐으로써 이러한 실행에 저서의 전체 계획das gesamte Vorhaben을 바친다. 그러므로 전체로서의《존재와 시간》은 자신의 고유한 해석 개념을 추종한다.[13]

5. 하이데거의 후기 해석학

이러한 비판적인 논쟁은 하이데거의 후기 철학에서 계속 이어졌다. 심지어 형이상학 역사에 관한 그의 후기 해석학과, 지속적인 현존성Anwesenheit으로서의 존재라는 이 해석학의 지배적인 견해에서 더욱 철저히 제기되었다.[14] 비록 후기 하이데거는 더 이상

---

13 이러한 해석 구상은 이전의 해석학과 거의 상관이 없으며, 하이데거 이후에 등장한 해석학자들에게 거의 수용되지 않았다. 이에 대해 J. Grodin, "Heideggers und Gadamers Konzeption der hermeneutischen Wende der Philosphie Ein Vergleich mit Blick auf Dilthey", in Kühne-Betram und F. Rodi(Hg.), Dilthey und die hermeneutische Wende, Göttingen 2008, S.109-118.

14 ·형이상학의 역사의 이러한 후기 해석학에 대해서는 J. Grondin, "Zur

해석학에 대해 거의 말하지 않지만, 그의 견해에 따르면 그는 존재망각에 책임이 있는 역사적인 운명들로서 형이상학적 사고의 전제들을 공개하는 것Zutagefödern에 혼신의 노력을 기울임으로써 더욱 결정적으로 해석학을 실천한다.

《존재와 시간》에서 이 망각함은 자신의 본질적 질문을 계속 망각 속에 방치해둔 '비본래적인' 현존재의 탓으로 돌려졌다. 좀 더 후기의 하이데거는 이 망각함에서 오히려 유럽 형이상학의 운명이 드러내는 귀결을 인식하게 된다. 형이상학이 존재를 '근거율Satz vom Grund'("근거 없이는 아무것도 존재하지 않는다")에 예속시켜 존재의 근원적인 비밀(그것의 자유롭고 근거 없는 등장)을 지워버렸을 수도 있다. 근거와 근거를 의욕함Gründenwollen을 지향하는 이러한 형이상학은 자신의 완결을 기술Technik의 본질에서 발견한다고 한다. (이러한 형이상학적 입장에 따르면) 존재는 하나의 주어진 호환 가능한 크기 이외의 다른 것이 아니다. (이러한 시각에서 벗어나) 하이데거는 덜 독재적이고, 덜 패권주의적이며, 근거율로부터 덜 지배되는 것이라는 또 다른 존재이해를 추적했다. 따라서 그의 사고는 하나의 새로운 출발과 형이상학적 사고의

Ortsbestimmung der Hermeneutik Gadamers von Heidegger her", in *Von Heidegger zu Gadamer*, Darmstadt 2001, S.90-91 참조.

극복(혹은 심지어 '극복변형Verwindung[*]')을 목표로 삼는다. 이 해석학은 다음과 같은 의미에서 《존재와 시간》의 연속성에 놓여 있다. 즉, (하이데거의) 의도Vorhaben는 계속해서 사고의 어떤 다른, 더 근원적인 출발을 준비하기 위해 형이상학적 존재이해의 전제들을 부각시키는 데서 성립한다는 것이다. 따라서 《존재와 시간》에서와 같이 형이상학과 그것의 숙명적인 선先구조를 '해체하는 작업'이, 인간적 현존재에 더 적합해지려는 존재의 개방성과 현존재의 개방성이라는 이름으로 행해진다.

하이데거는 이러한 다른 사고를 특히 그가 언어의 현상에 (그리고 시적 언어에) 새로운, 그러나 전적으로ganz und gar 해석학적인 관심Aufmerksamkeit을 보인다는 점을 통해 윤곽을 잡는다. 《존재와 시간》은 이미 해석학의 과제가 현존재에게 존재의 본래적 의미를 '공표公表하는' 것이라고 했다. 그러나 이러한 '공표'는 그 안에서 존재가 이미 항상 표현된 언어 자체의 매개를 통해 실행되는 것이 아닌가? 언어를 들을 수 있고, 그를 통해 우리의 '현존재', 우리의 '언어 속에 존재함In-der-Sprache-Sein'을 뒷받침하는 존재의 비밀에 열려 있는 것은 선물Geschenk이 아닌가? 그래서 말년의 하

---

[*] 'Überwindung'이 단순히 '극복'을 의미하는 반면, 'Verwindung'은 안고 넘어가 발전시킨다는 의미를 담고 있다.

이데거가 자신의 〈휴머니즘에 대한 서한〉에서 '존재의 집'으로 돋보이게 했던 언어를 고찰할 때 해석학적 관계, 즉 존재와 인간의 상호적인 관계를 '규정하는' 것이 언어라고 말할 수 있었던 것은 놀라운 일이 아니다.[15] 존재는 이 관계를 소리로 얽어매고 들릴 수 있도록 함으로써 문자 그대로의 의미에서 '규정한다'(Heidegger, 1976, 118, 120, 126). 게다가 하이데거는 이 해석학적 규정을 1958년의 회고적인 '대담'에서 발표했다. 이 대담에서 그는 충만한 향수와 더불어 현사실성의 해석학이라는 그의 1923년 기획으로 되돌아가 30년 만에 처음으로 슐라이어마허와 딜타이의 텍스트를 인용한다. 이런 방식으로 그는 자신의 구상보다 선행한 해석학의 유산과 그에 대한 자신의 암묵적인 연대를 표현하려 했다. 그러나 하이데거는 언어가 해석학적 관계를 본질적으로 규정한다고 강조함으로써 자신의 고유한 유산을 다루는 해석학적 노력들이 나아갈 길을 보여주었다.

---

15 M. Heidegger, *Unterwegs zur Sprache*, Pfullingen, 2. Aufl. 1960, S.122.

4장

불트만:
하이데거 이후 해석학의
성립에 대한 암묵적인 기여

우리는 하이데거가 적어도 이단적이지는 않더라도 (전통적인 해석학과 비교해보면) 극단적으로 생소한 해석학의 견해를 제시했다는 점을 인정해야 한다. 하이데거의 해석학적 발상은 존재와 현존재의 물음과 확고하게 결합되어 있기 때문에 그의 의도는 첫눈에도 텍스트를 해석하는 기예 혹은 정신과학의 방법론으로 이해된 고전적인 해석학 개념과 그다지 큰 관련이 없다. 하이데거는 해석학의 여러 역사가들이 기여를 무시하거나 치명적인 위험 (이것은 베티에게 해당되는 경우이다)으로 받아들일 만큼 해석학의 전통적·지배적 관심들과 멀리 떨어져 있다. 그러나 하이데거의 해석학적 후계자들로 묘사할 수 있는 인물들(불트만, 가다머, 리쾨르, 바티모 등)에게는 이해·해석·언어에 대한 하이데거의 '혁명적인' 숙고들이, 전통적으로 텍스트 해석과 정신과학의 진리요구의 기초놓기에 몰두했던 해석학적 문제제기에서 대단한 효력을 발휘하는 것으로 귀결되었다. 물론 각각의 방식으로 이를 행하지만, 이 유산들의 성과는 실존론적 해석학의 학설들을 해석학의 전통적인 물음에 적용하는 것이다.

신학자 루돌프 불트만Rudolf Bultmann은 하이데거의 해석학 이해가 어떻게 텍스트 해석의 고전적 물음들에 적용되어 제시될 수 있는지 보여준 최초의 위대한 사상가였을 것이다. 그는 하이데거를 알기 전에 이미 탁월한 신약성서의 해석학자Exeget였다. 1921년에 출판된 그의 책《공관共觀복음적 전통의 역사Geschichte der synoptischen Tradition》*에서 그는 성서의 문체들Stilfiguren과 문학적 장르들의 현존을 주장함으로써 성서의 '역사적·비판적' 독서에 아주 중요한 기여를 했다. 1921년 그는 마르부르크 대학의 교수로 임용되었고, 여기서 교수로서 직업적 여정을 마무리했다. 그는 (1923~1928년에 마르부르크 대학의 교수로 있었던) 하이데거, (1919~1939년에 마르부르크에서 생활한) 가다머와도 밀접한 관계를 유지했다.

불트만은 하이데거가 제안한 실존론적 해석이, 신학자가 자기 작업에서 활용할 수 있었던 인간 현존재에 대한 중립적 서술을 제공한다고 지속적으로 확신했다. 그래서 그는 하이데거의 생각들을 성서해석Exegese의 영역에 응용한 최초의 해석학자였

---

* 공관복음(共觀福音, Synoptic Gospels) 또는 공관복음서(共觀福音書)란 고대 그리스어의 'syn'(함께)와 'opsis'(봄)이 합쳐진 낱말 'Synopsis'를 한자어로 직역한 말이다. 구체적으로 그리스도교의 경전인 신약성경에서 마태오 복음서, 마르코 복음서, 루가 복음서를 일컫는다.

다. 이는 특히 그가 1950년에 발표한 〈해석학의 문제das Problem der Hermeneutik〉라는 에세이에서 명백히 드러난다. 이 텍스트는 불트만의 전집에서 매우 늦게 등장하지만 중요한 텍스트이다. 이 텍스트는 가다머와 리쾨르 같은 저자들에게 무엇이 '해석학적 문제'로 머물게 되는지 부각시키는데 도움을 주기 때문이다.

불트만은 딜타이가 1900년에 발표한 〈해석학의 탄생〉이라는 에세이를 끌어와, 그가 이름 붙인 해석학의 '문제'를 소개한다. 이는 물론 이해에 대해 너무 제한적이고 너무 기원에 치중하는 딜타이의 견해를 비판하려는 목적에서 즉각적으로 이루어졌다 (그는 다음과 같은 물음을 제기한다). 이해는 정말로 "저자에게서 수행된 심적 경과들의 추실행인가?" 이해가 규명하려고 시도하는 텍스트들은 "비로소 그것이 탄생한 내적인 창조적 경과로의 침잠으로부터 이해되는가?"(Bultmann, 1970, 603)[1]

그래서 불트만은 이해의 사태관계를 부각시키기 위해 딜타이가 시도한 심리학적 방식의 해석학 실행을 강하게 평가 절하한다. 이해의 토대적 노력과, 그다음 해석학의 토대적 노력에서는 저자의 주관적인 창작과정이 아니라 텍스트가 다루는 주제

---

1   R. Bultmann, "Das Problem der Hermeneutik"(1950), *Glauben und Verstehen*, Gesammelte Aufsätze, 2. Band 1952, Tübingen, 6. Aufl. 1993, S.215.

Sache가 문제가 된다. 많이 서약誓約된 이 사태는 그것의 입장에서 볼 때 단지 해석자의 사태관계Sachbezug로부터 이해될 수 있다고 한다.

> 하나의 이해, 하나의 해석은 …… 끊임없이 특정한 문제제기, 특정한 무엇을 향해Woraufhin 정향되어 있다. 그러나 이것은 …… 이 문제제기는 항상 텍스트가 질문을 던지는 사태Sache에 대한 어떤 선이해에 의해 이끌어진다는 점을 함축한다. 그러한 선이해라는 토대 위에서 비로소 어떤 문제제기와 어떤 해석 일반이 가능하다(Bultmann, 1970, 604).[2]

불트만이 보기에, 한 텍스트가 다루는 주제Sache를 목표로 하는 이해는 해석자의 선이해에 의해 주도된다는 점을 피할 수 없다. 이러한 선이해는 자신의 입장에서 이해하는 자의 삶에 기반을 둔다.

> 문제제기는 질문자의 삶에 기반을 두는 관심으로부터 성장한다. 그리고 모든 이해하는 해석의 전제는 이 관심이 또한 어떤 방식

---

2   Ebd., S.216.

으로든 해석되어야 하는 텍스트 속에서 생동적이며, 텍스트와 해석자 간 의사소통을 뒷받침한다는 것이다(Bultmann, 1970, 605).[3]

이해는 여기서 이미 텍스트, 더 정확히는 텍스트의 주제Sache 와 독자의 사정Sachverhältnis 사이의 대화로서 사유되었다. 이 생각 은 가다머에서 다시 등장한다.

말하자면, 우리는 단지 논의되는 것an dem, wovon die Rede ist에 우 리가 참여해 이해할 수 있다고 한다. 불트만은 여기서 (하나의) '참여하는 이해'[4]에 대해 말한다. 이해란 내가 이해하는 것에 참 여하는 것이다. 불트만은 "플라톤을 단지 그와 함께 철학하는 사 람들만 이해한다"[5]고 말한다. 이런 맥락에서, 가다머보다 불트만 이 먼저 아리스토텔레스를 증인으로 데려온다. 아리스토텔레스 는 이 근본 학설을 "비극의 작용으로서의 공포와 동정에 대한 학 설"을 통해 표현했다.[6] 이는 독자 혹은 관객에 대한 작용이 이해 되어야 하는 주제의 일부임을 뜻한다. 이해는 거리두기가 아니

---

3   Ebd., S.217.

4   Ebd., S.221.

5   Ebd., S.222.

6   Ebd., S.221.

라 직접적인 참여에서 실행된다. 불트만은 이해를 너무 강하게 "일방적으로 미학적 관점에서 평가하는ästhetisierende" 견해를 제한하고자 이런 관점을 피력한다. 이 견해에 따르면 이해되어야만 하는 의미는 먼저 어떤 개(별)성의 표현이 된다. 이 견해를 불트만은 부정한다. 오히려 이해란 하나의 존재 가능성을 파악하는 것이다. 그러한 '참여하는 이해'에게 "인간적 존재는 이해하는 자의 고유한 가능성들로서의 자신의 가능성들로부터 해명된다."[7]

해석학적 문제의 중심에 놓인 이러한 존재 가능성은, 이제부터 두 사람이 수행하는 대화라는 사태Sache로 입증되는 이해의 두 가지 정점들Eckpunkten에서 표명된다. 나는 이해하며, 이때 나는 항상 나의 실존으로부터 출발한다. 그러나 내가 이해하는 것은 또한 텍스트를 통해 드러나는 실존의 가능성이다. 불트만의 사고로부터 강한 영향을 받은 폴 리쾨르는, 나중에 작품을 통해서 그 안에 내가 거주할 수 있는 하나의 세계가 이해에게 열린다고 말하게 된다.

그러므로 해석하는 사람의 선이해는 결코 방법적인 해석학의 이상理想이라는 이름으로 억압되면 안 된다. 오히려 그 자체를

---

7   Ebd., S.221.

84

위해 작성되어야 하며, 그와 동시에 문제시되어야 한다. "선이해 를 제거하는 것이 아니라 의식으로 고양하는 것, 그것을 텍스트 의 이해에서 비판적으로 시험하는 것이 유효하다"(Bultmann, 1970, 618).[8] 그리고 이를 비판적으로 시험한다는 것은 "그것을 감 행하는 것aufs Spiel zu setzen"을 의미한다고 불트만은 해명한다. "축 약하면, 텍스트의 질문함에서 자기 자신을 텍스트를 통해 묻게 하는 것, 자신의 요구를 경청하는 것이 필요하다."[9] 선이해의 재 고Überprüfung는 항상 가능하며, 심지어 바람직하다. 그럼에도 불 트만에 따르면 이는 스스로를 진지하게 대하는 모든 해석 Auslegung의 본질적인 실행방식을 형성한다.

선이해의 이러한 비판적인 개선은 이해에 대한 하이데거의 학설에서 올바르게 이끌어내는 본질적인 학설이다.

> [이제] 이해의 문제는 하이데거가 존재범주로서의 이해를 제시 함으로써, 그리고 이해의 형성으로서 해석Auslegung에 대한 그의 분석을 통해 결정적으로 명확해졌다.[10]

---

8 Ebd., S.228.

9 Ebd.

10 Ebd., S.226.

이런 방식으로 불트만은 하이데거에서의 이해와 해명하는 해석Auslegung 사이의 밀접한 결합을 자신이 가장 잘 파악했음을 증명했다. 한편 그는 해석학적 순환에 대한 하이데거의 견해를 해석학의 전통적 물음에 특수하게 적용한 최초의 인물이기도 했다. 불트만의 공로는 하나의 실존론적 텍스트 해석학을 재촉했을 뿐만 아니라, 스스로 실천했다는 데 있었다(그럼에도 하이데거는 계속해서 현존재의 해석학과 형이상학 역사의 해석학에 국한되었다). 이해는 "주제들에 대한 삶의 관계"[11]에 기반을 둔다고 강조함으로써 그는 가다머(적용으로서의 이해)와 리쾨르(어떤 세계의 열림으로서의 이해)를 통해 철학적 해석학에서 표방되는 이해의 견해를 앞지른다.

동시에 불트만은 또한 가다머에 앞서 딜타이의 해석학 견해, 즉 이해를 일방적으로 미학적 관점에서 평가하고 재구성하려는 견해에 맞선다. 그의 '참여하는 이해'는 텍스트와 해석자 사이 대화로서 이해를 파악하는 길을 개척했다. 자신이 다룬 예전 물음들로 해석학이 귀환하는 것은 하이데거적인 토대로부터 가능했다.

---

11 Ebd., S.218. 이에 대해 J. Grondin, "Gadamer und Bultmann", in *Gadamer verstehen/Understanding Gadamer*, hg. von M. Wischke/M. Hofer, Darmstadt, 2003, S.186-208 참조.

5장
가다머:
이해사건의 해석학

1. 정신과학의 방법론을 넘어선 해석학

이미 하이데거가 해석학에 대한 하나의 뚜렷한 **철학적** 견해를 대변했다고 하더라도, 해석학 개념은 가다머와 더불어 비로소 점차 보편적인 의식에 빠져든다. 1960년 가다머는 출판사에 《철학적 해석학의 근본 특징들Grundzüge einer philosophischen Hermeneutik》이라는 방대한 원고를 보낸다. 그러나 출판사는 '해석학'이라는 표현이 너무 비교秘教적일 수 있으며 독자를 놀라게 할 수도 있다는 주장을 굽히지 않았다. 더 적절한 '예고편Teaser'를 찾아가는 과정에서 가다머는 **진리와 방법**이라는 제목에 도달하기 전 처음에는 **이해와 사건**Verstehen und Geschehen을 떠올렸다. 이 작품이 그 후 '해석학'이라는 개념을 철학적 논쟁의 중심으로 사출射出, katapultiert했다. 이러한 상황 변화는 그 출판사가 나중에 이 개념을 가다머가 1967년 발간한 에세이 모음집의 제목으로 사용하겠다고 고집할 정도였다.

비록 가다머가 하이데거의 제자였고 그의 영향을 강하게 받았지만, 하이데거 해석학에서 가다머 해석학으로의 이행은 강조점과 논제들의 강력한 위치이동과 함께 진행된다.[1] 먼저 가다머가 스승의 '현존재 해석학'을 직접적으로 넘겨받았다고 말하도록 허용되지 않는다. 오히려 그는 현존재 해석학으로부터 나아가며, (비록 가다머가 마침내 언어의 보편해석학이라는 기획을 통해 이러한 정신적 지평을 넘어섰다고 하지만) 정신과학의 해석학이라는 딜타이의 문제제기를 새롭게 철저히 사고하려 시도했다. 그가 하이데거에게 매료되었던 것은 현존재의 직접적인 해석학 혹은 존재물음의 재개再開라는 구상과 거리가 멀었다. 오히려 그것은 더 이상 어떤 **백지상태**tabula rasa의 객관주의적 이상理想의 의미에서 이해의 **장애**로 나타나지 않는 해석학적 순환에 대한 새로운 이해였다. 하이데거의 근본이념은 선취先取들Vorwegnahmen로부터 정화되며, 그래서 객관적인 어떤 이해를 희망한다는 것은 어리석다는 것을 의미했다. 유한한 존재에게 이해는 실로 특정한 앞서 가짐들Vorhaben, 앞서 봄들Vorsichten, 앞서 잡음들Vorgriffen에 의해 인도된다는 뜻이기 때문이다. 이해는 기초적 선취들 없이는

---

1 이에 대해 J. Grondin, "Die Hermeneutik von Heidegger bis Gadamer", in O. Breidbach und G. Orsi(Hg.), *Ästhetik – Hermeneutik–Neurowissenschaften, Heidelberger Gadamer-Symposium des Instituto Izaliano per gli Studi Filosofici*, Münster 2004, S.7-17 참조.

삶에 방향을 설정해주는 자신의 기능을 상실한다고 한다. 결국 현존재는 자신의 존재에서 지속적으로 이 존재가 문제되는 그러한 본질을 근본특성으로 보유한다. 따라서 어떤 선이해로부터 자신의 출발점을 취하지 않을 수 있는 해석Auslegung은 존재하지 않는다. 그뿐만 아니라 하이데거는 심지어 해석Auslegung이 이해의 전개Entfaltung 이외의 다른 것이 아니라고 주장한다.

당연히 하이데거는 이를 현존재의 해석학에 대한 시각과 더불어 생각했다. 현존재의 선취들은 고유한 방식으로, 즉 우리 현존재의 유한성으로부터 자세히 작성되었는가, 그렇지 않은가? 가다머는 그의 입장에서 해석학적 순환의 더 긍정적인 평가를, 하이데거가 극복한 것으로 원했던 정신과학의 해석학이라는 문제제기에 적용한다. 그럼에도 (해석학적 순환에 대한) 하이데거의 견해에는 정신과학의 진리요구를 공정하게 평가하려는 해석학을 위한 효과들이 없어야만 하는가? 가다머는 분명 하이데거로부터 나아가지만, 이를 정신과학의 진리요구에 대한 딜타이의 문제제기를 혁신하기 위해 행한다. 그는 새롭게 딜타이의 문제에 접속하지만, 그럼에도 이 문제의 전제들을 문제시한다. 이 전제들은 단지 하나의 방법론적 실행방식Methodik만이 정신과학의 진리에 대한 해명을 제공할 수 있다고 주장한다. 정확히 여기에 《진리와 방법Wahrheit und Methode》이라는 책 제목의 의의가 놓여 있다. 진리는 방법의 문제Sache만이 아니다. 게다가 방법은 그의 객체에 대한 관찰자의 거리에 기반을 둔다. (하지만) 관찰자는 항상 어떤 방식으로든 그가 이해하는 것에 연결되어 있고, 서로 관련되어 있는 것이 아닌가? 이해를 이런 방식으로 파악하는 견해는 하이데거로부터 계속 유래하는 것이다. 이해는 항상 자기이해ein Sich-Verstehen를 포함한다. 그러나 이 견해는 또한 명백히 불트만의 '참여하는 이해'를 상기시킨다.

   가다머의 근본 의도는 먼저 정신과학의 진리경험(그리고 보편적으로 이해의 진리경험)을 '참여하는' 이해라는 견해로부터 나아가면서 정당화하는 것이다. 이해에 대한 이러한 견해는 그가 자신의 저서 첫줄에서 '해석학적 문제'(VM, 11; GW I, 1)[2]라고 부른 것에 대해 결정적인 의미를 부여했다. 이 문제에 대해 그는 이 문제를 다시 발견하는 것이 중요하다고 항상 되풀이해 말한다. 더 자세히 말해, 이 '문제'는 그의 견해에 따르면 딜타이에서 드러나는 '해석학적 문제'의 지나치게 방법론적인 발상을 통해 은폐된 것이다. 가다머의 논제는 딜타이가 자신이 보유한 더 나은 의도들에 역행해서 자연과학의 방법론으로 쉽게 이해되는 진리해석

---

2 H.-G. Gadamer, *Wahrheit und Methode*, Gesammelte Werke, Band 1, Tübingen 1986, S.1.

에 암묵적으로 굴복한다는 것이다. 이와 같은 진리해석은 이해 과정에서 주관성의 모든 함축을 객관성의 침해로 혐오한다.

이러한 방법론에 맹목적으로 방향성을 두는 대신, 게다가 이 방법론은 정신과학의 실제적인 작업에 거의 상응하지 않기에, 정신과학이 조금은 망각된 인본주의Humanismus 전통의 영감을 얻도록 하는 것이 현명한 일이라고 할 수 있다. 정신과학은 또한 바로 이 인본주의로부터 자신의 명칭humaniora을 신세지고 있다. 《진리와 방법》의 첫 부분에서 해석학적 문제를 다시 수용하는 작업은, 따라서 인본주의 지식개념의 명백한 명예회복과 더불어 시작된다. 근본적으로 인본주의적 지식은 방법적인 자연과학이 어떻게 객관화될 수 있으며 측정할 수 있는 성과를 야기하는지 를 목표로 삼지 않는다. 이 지식에서는 오히려 판단력의 전개를 통한 인간의 도야Bildung(교양)와 교육Erziehung이 중요하다. 그러 므로 모두에게 공통적인 오성뿐만 아니라 보편적으로 타당하고 올바른 것을 위한 감각인 **공통감각**sensus communis이 형성되는, 이러 한 도야(교양)의 이상Bildungsideal*에서는 '보편적인 것으로의 고양高 揚'이 일어난다. 그러나 이 고양은 자연과학적 법칙의 보편성과 대

---

* 'Bildung'은 '교육', '교양' 혹은 '도야'로 번역되는데, 그 의미 내용을 그대로 전달하기 위해 독일어 발음 그대로 '빌둥'으로 표기하기도 한다.

등하게 취급될 수 없는 것이다. 오히려 여기서는 "**관심의 고루함과 편애의 사사로움**"을 넘어서는 고양이 관건이다. 이 고양은 다른 지평을 개방시키며 "자기 자신으로부터 거리두기"를 획득하도록 가르친다. 이는 개인das Individuum을 함께 연관시키며 정신과학에서 모델의 성격을 띨 수도 있는 하나의 "인식의 길Erkenntnisweg"이 아닌가? 이러한 모델이 자신의 강제적 힘을 상실했다는 것은 과학적 실증주의가 유일한 지식모델을 관철했다는 점에 핵심이 있다. 그 모델은 방법적이며, 해석자로부터 독립적인 인식이다. 가다머는 그러한 것으로서 방법적 지식에 반대하는 어떤 것도 보유하지 않는다. 그는 그 지식의 모든 권한(자격)을 인정한다. 그러나 이러한 지식모델의 배타적인 지배가 우리를 다른 지식경험들과 진리경험들에 대해 눈멀게 만들 수 있다는 점을 우려한다. 따라서 딜타이 이래로 '해석학'의 문제 영역에 속하는 정신과학의 진리를 올바르게 평가하려는 성찰이 무조건 방법적이어야 하는 것은 아니다. 요약하면 가다머는 ('정신과학의 진리는 어디에서 성립하는가?'라는) 딜타이의 문제를 받아들이지만, 해결(하나의 방법론) 또는 방법론을 너무 일면적으로 응시하는 그의 태도는 받아들이지 않는다.

2. 예술의 모델: 이해의 사건

방법적 학문보다 더 적절한 지식의 모델을 찾아가는 가운데, 가다 머는 《진리와 방법》 제1권에서 예술 경험으로부터 자신의 연구를 시작한다. 그는 예술작품이 미적 향유만 만들어내는 것이 아니라, 하나의 진리경험을 제공한다고 힘주어 강조한다. 예술작품을 어떤 순수한 미적 관심사로 환원하는 것은, 독점적인 진리인식을 요구하는 방법적 의식과 더불어 공통적인 문제gemeinsame Sache를 다룬다는 의미가 된다는 것이다. 이 방법적 의식은 진리인식을 과학적으로 인식할 수 있는 것에 국한시킨다. "이것은 올바른 길이 아니다"라고 가다머는 말한다. 우리는 예술이 진리요구와 지식 요구를 고양한다는 점을 인식해야 한다. 진리개념의 이러한 확장은 나중에 정신과학의 인식 방법을 오히려 공정하게 평가할 수 있도록 만든다.

　이러한 진리와의 만남을 표상하기 위해 가다머는 놀이Spiel 개념으로부터 나아갈 것을 제안한다. 하나의 예술작품을 이해한다는 것은 스스로 그것의 놀이 안으로 개입해 들어간다는 의미다. 이 놀이에서 우리는 (능동적으로) 놀이하는 자라기보다는 작품을 통해 매혹되고 (수동적으로) 놀이되는 자이며, 작품은 우리를 흡사 더 높은 진리에 참여하게 만든다. 따라서 가다머에게는 놀이가 (쉴러가 미적 교육의 기초를 놀이충동에 두려고 했을 때 생각한 것처럼*) 어떤 순수한 주관적인 것을 지니지 않는다. 완전히 반대로 놀이자는 오히려 자신을 '능가하는' 어떤 현실로 옮겨진 것을 발견한다. 어떤 놀이에 참여하는 사람은 놀이의 자율성에 굴복한다. 테니스 선수는 자신에게 가격된 공에 반응하며, 무용수는 음악의 리듬을 따르고, 시나 소설의 독자는 책에 사로잡혀 있다.

이 모델은 그 안에서 '주관성'이 아주 잘, 그리고 완전히 함께

---

* 근대의 놀이 개념은 칸트와 쉴러를 통해 두드러지게 나타난다. 칸트에서 놀이는 미감적 판단의 보편화와 밀접한 관계가 있다. 미감적 판단은 주관적 취향과 관계하지만 보편적인 판단이다. '주관적 보편성'이라는 형용의 모순 문제를 해결하기 위해 칸트는 상상력과 지성이라는 상이한 인식능력 간 우연적 일치로 이 문제를 해결한다. 두 인식능력의 우연적 일치를 칸트는 놀이로 본다. 따라서 칸트에게 놀이의 역할은 대단히 제한적이다. 쉴러는 칸트의 놀이 개념을 좀 더 심화시킨다. 그는 놀이를 인간학적 개념인 '충동'으로 설명한다. 그에 따르면 인간은 '감각충동'과 '형식충동'의 지배를 받는 존재이다. 그런데 현실적으로 하나의 충동이 다른 충동을 억압하고 지배하는 경향이 있으며, 이럴 경우 인간성은 편협하며 굴절된 형태로 드러나게 된다. 이 문제를 해결하기 위해 두 충동은 힘의 균형을 이루어야 하고, 자신의 경계를 넘지 말아야 한다. 두 충동이 힘의 균형을 이룰 때 새로운 충동이 등장하는데, 그 충동이 바로 '놀이충동'이다. 쉴러에게 놀이충동은 아름다움의 근거가 된다. 즉, 놀이하는 인간은 곧 미적 인간을 의미한다. 쉴러의 놀이충동은 자발적이라기보다는 두 근본 충동의 사이에서만 존재하기에 그 한계 역시 분명하다[정낙림, 〈놀이사유의 근대적 유형과 니체의 비판: 쉴러 비판을 중심으로〉, 《니체연구》, 26권(2014), 7쪽].

포함되어 '놀이 안에' 있기 때문에 중요하다.[*] 그러나 주관성은 작품이 자신의 객관성 안에서 자신에게 강요하는 것에 정확히 복종함으로써만 놀이 안에 있는 그러한 것이다. 그러므로 주관은 자신을 완전히 변화시키는 하나의 만남에 휩쓸리게 된다. 하나의 예술작품에서 '놀이'는 어떤 형성체에서, 어떤 작품에서 농후해진다. 이 작품은 나를 사로잡으며, 표현된 것뿐만 아니라 나 자신에 대한 관계에서 나에게 어떤 본질적인 것을 지시한다. 표현된 것과의 관계에서는 이것이 작품에서 "존재의 증대Zuwachs an Sein"와 더불어 드러나기 때문에 그러하다. 이는 표현된 현실이 작품에서 작품이 표현하는 현실 자체보다 더욱 강하게 정체를 드러내고, 더욱 뚜렷하게 드러난다는 것을 말한다. 그와 함께 작품은 그것이 현실에 어떤 '존재의 증대'가 일어나도록 함으로써 인식의 소득Erkenntnisgewinn을 선물한다. 예컨대 손을 높이 들고 프랑스 군대에 의해 처형되는 불쌍한 스페인 농부를 그린 고야 Francisco Goya의 작품 〈1808년 5월 2일〉은 나폴레옹의 스페인 점령 현실을 가슴에 와 닿게 한다. 현실은 예술에서 인상적인 방식으로 자신의 정체를 드러낸다. 우리는 핵심을 이해한다. 그곳에서는 주관적인 놀이 혹은 화가의 판타지가 중요한 것이 아

---

[*] 원문은 다음과 같다. "sehr wohl und voll mit enthalten, im Spiel ist."

니다. **진리**는 여기서 매개된다. 그러나 이러한 진리가 방법론적인 종류는 아니다.

왜냐하면 진리와의 만남은 동시에 자기 자신과의 만남을 구현하기 때문이다. 이러한 만남은 내가 참여하는 하나의 진리이다. 여기서 사람들은 불트만을 떠올린다. 진리는 유일한 방식으로 나에게 말을 건네기 때문이다. 그로부터 예술작품들이 해석에게 필연적으로 양도되어 머무는 활동공간이 유래한다. 가다머의 설득력 있는 착상은 해석의 이러한 변형들이 의미 자체를 위해 결정적maßgebend이라는 것이다. 따라서 이를 해석으로부터 지워버린다면 그것은 무의미한 일이 되고 말 것이다. 진리경험은 나의 고유한 관점에서 생겨나는 것이 아니다. 진리경험은 무엇보다도 묘사된 것에 대해 나를 깨우치게 만드는 작품 자체로부터 생겨난다. 그러므로 가다머가 언급하는 진리를 실용주의의 견해로부터 구별하는 것이 중요하다. 이 견해는 우리에게 유용할 수 있는 것으로 진리를 환원한다. 작품이 나의 시각에 굴복해야 하는 것이 아니라, 완전히 반대로 나의 시각이 예술작품의 현재에서 확장되어야만 하고, 심지어 변화되어야만 한다.

따라서 예술작품의 경험에서, 나에게 요구Diktat가 아니라면 마치 어떤 계시처럼 표현되는 '존재의 증대'와 그에 대한 나의 대답 사이에서 하나의 강하고 감동적인 놀이가 벌어진다. 어떤 예술작품에서 '변용되고' '재인식되면서' 현실을 변화시키는 이 계시는 또한 우리를 변형시킨다. 가다머가 즐겨 인용하는 릴케의 시처럼 예술작품은 나에게 항상 "너는 너의 삶을 변화시켜야만 한다"고 말한다.

가다머는 정확히 예술작품의 이 모델을 그 유일한 방식의 엄격함과 더불어 정신과학에 적용한다. 그에 따르면 정신과학에서 진리는 산정할 수 있는 방법의 결과라기보다는 오히려 (우리를 엄습하며 우리에게 진리를 발견하도록 하는) '사건'의 사태이다. 이런 맥락에서 가다머가 그의 저서에 먼저 '**이해와 사건**Verstehen und Geschehen'이라는 제목을 붙이려 했던 것은 시사하는 바가 크다. 이해의 사건성격에 대한 이러한 지적을 통해 그는 다음과 같은 것을 강조하려 했다. 우리가 이러한 탁월한 진리경험에 '객관성'을 보장하는 하나의 방법론을 강요한다면 우리는 아마 너무 늦게 도착할 것이다. 그래서 우리가 자신의 지위에서 정당하지만, 정신과학이 창출하고 예술 경험을 새롭게 발견하도록 돕는 진리경험을 왜곡하려 위협하는 어떤 방법적인 인식이상理想에 굴복하는 것은 아닌가?[라고 가다머는 반문한다.]

3. 이해의 조건들로서 선입견들: 전통의 복권

정신과학에서 이루어진 진리논증에 대한 이전의 처방은, 이해의 '선입견'을 자연과학이 인수한 객관성의 파악이라는 명목 아래 제거하는 데 그 본질이 있었다.[3] 그러나 가다머는 선입견들에서 오히려 '이해의 조건들'을 고무적인 방식으로 인식한다. 그는 하이데거가 전개한 이해의 선취Vorwegnahme에 대한 구조분석을 증거로 가져온다. 이 분석은 의미의 기투Sinnentwurf가 결코 오류가 아니며, 이런 이름을 붙일 만한 가치가 있는 그러한 이해의 본질적인 구성요소라는 점을 드러냈다. 이런 의미에서 불트만은 해석자의 '선이해'가 없는 해석은 존재하지 않는다고 주장한다. 불트만에서처럼 하이데거에게도 물론 이 견해는, 가령 주관주의를 위한 문호를 넓게 개방하는 것이 아니다. 여기서 중요한 것은 단지 이해되어야만 하는 사태에 적절한 선취들을 만들어내는 것이기 때문이다. 두 사람에게 해석은 실제로 자신의 기초가 되는 '앞서 잡음Vorgriff'의 비판적 평가에 대한 요구 이외의 다른 것이 아니다. 또한 가다머는 이해의 선先구조에 관한 자신의 연구를, 이해 노력을 특징짓는 이러한 지속적인 재고Überprüfung를 부각시

---

3 H.-G. Gadamer, *Hermeutische Entwürfe*, Tübingen, 2000, S.42.

킴으로써 시작한다. 물론 이 연구는 거의 관심을 받지 못했다. 하나의 올바른 해석은 수용된 생각들의 임의로부터 보호되어야만 하며, '사태 자체로' 시각을 돌려야만 한다(VM, 287-288; GW I, 271-272).[4] 따라서 전적으로 하이데거처럼 가다머도 타당성 이념Angemessenheitsidee의 적대자가 아니다. 오히려 그가 문제시하는 것은 계몽주의로부터 유래하는 이해의 이상理想이다. 이 이상은 전적으로 선입견들로부터 해방된 것이라고 한다.

이러한 논의에서 가다머가 수행하는 연구의 요점은, 선입견들을 향한 계몽주의의 혐오가 이 혐오를 제기하는 진영에서 더 이상 캐묻지 않은 어떤 선입견, 즉 '선입견들에 대한 선입견'으로 되돌아간다는 점을 가리키는 데 그 본질이 있다. 실제로 선입견들에 대한 계몽주의의 캠페인은 이성적으로 최초의 확실성의 기초 위에 근거된 것만이 참으로 인식될 수 있다는 이념에 바탕을 둔다. 이러한 원칙이 계몽주의가 전통과 권위에 기반을 둔 그러한 지식을 무가치하게 평가하도록 만들었다. 그러나 이는 그럼에도 '정당한 선입견들'이 존재할 수 있다는 사실을 오인한다는 뜻이다. 당연히 가다머는 우리가 프랑스어로 '**프레주제 레지팀**préjugés légitimes'에 대해 말할 수 있다는 상황에 의지한다. 이것은

---

4 Gadamer, *Wahrheit und Methode*, Gesammelte Werke, Band 1, S.271.

전통에 신세를 지는 생산적인 선입견을 말한다. 따라서 가다머는 이성과 전통 사이의 대립에서 어떤 추상적인 대립(대항)을 인식한다. 전통은 또한 어떤 이성적인 것을 지닐 수 있다. 이성은 심지어 그 자체가 데카르트적인 전통에 종속적이다. 그러나 전통에 절대적으로 신세를 지지 않는, 즉 전적으로 전통과 언어로부터 분리된 진리가 존재하느냐고 가다머는 반문한다.

가다머는 여기서 어떤 특정한 전통을 염두에 두지 않는다(이는 그가 전통주의자가 아닌데도 그를 전통주의자로 만드는 것이 되고 말 것이다). 오히려 그는 우리 대부분이 의식하지 못하지만 우리에게 "작용하는 역사"를 염두에 두고 있으며, 이 역사는 이른바 작품 이해의 배후에 있고, 이해를 진전시키는 것이다. 그래서 전통은 이해에서 "객관화될 수 없는" 모든 것을 대변한다. 이해는 발생하며, 특정한 기대들과 목표들에 의해 야기된다. 이것들은 이해가 과거와 현재로부터 물려받았으나, 항상 거리를 유지할 수 없는 것이다. 또한 가다머가 비판적 시험의 조건적이며 하이데거적인 이상理想을 유지할 때조차, 선입견들로부터 완전히 자유로운 인식의 이상에 따라 이해의 진리를 찾아내는 것은 그에게 여전히 헛된 것처럼 보인다. 그의 견해에 따르면 이러한 이상은 이해를 위한 노력에 결부된 기초적인 역사성에 올바로 부응하지 못한다.

가다머에게 비판적인 해석학-물음kritische Hermeneutik-Frage의 해결에 대한 희망을 허용하는 것은 바로 이 역사성이다. (해석을 가능하게 하는) 정당한 선입견들은, 그 극복이 비판적 이성의 의무가 되는 정당하지 못한 선입견들과 어떻게 구별되는가?(VM, 298, 320; GW I, 281, 304)[5] 그의 최초의 대답에 따르면, 종종 좋은 선입견들을 나쁜 선입견들로부터 분리하는 데 도움을 주는 것은 시간적 간격der zeitliche Abstand이라고 한다. 예를 들어 우리는 이를 동시대의 예술에서, 그러나 철학에서도 인식한다. 어떻게 우리는 중요하고 원본적인 기여들을 덜 중요한 것으로부터 구별할 수 있는가? 여기서 '시간 간격Zeitenabstand'은 더 나은 선입견들을 더 못한 선입견들로부터 구별할 수 있도록 만들어주는 방식으로 도움을 제공할 뿐이다. 헤겔이 말하는 어떤 암묵적인 '유효성 기준Effizienzkriterium'은 여기서 작동하는 듯 보인다. 관철되는 것은 어떤 것을 그 자체로 보유한다. 당연히 이는 어느 정도 만족시키는 하나의 해결이다. 이러한 해결이 (비판적 거리두기의 모든 형식의 결핍이 아니라 시간적 간격의 결핍에서) 동시대 작품들의 중요도 판정에 대한 물음을 미해결로 내버려두기 때문이며, 그러나 또한 이러한 해결이 위대한 작품들과 중요한 해석들에 대해 시간적 간격이 은폐할 수도 있는 절차들Verfahren을 한 귀로 듣고 한 귀로

---

5   Ebd., S.281f., 304.

흘려버리기 때문이기도 하다. 가다머가 전통과 관습적인 것의 이성적 잠재력을 정당하게 기억한다면, 그는 전통이 은폐하는 것과 때로 억압하는 것에서 지닐 수도 있는 것을 충분히 드러내지 못했다. 물론 이 비판은, 가다머가 바로 그 한계들을 가리키려 했던 전통에 대해 하나의 정당한 '근대적' 구상을 전제한다.

4. 영향사와 영향사 의식

가다머 해석학의 근본구상은 **영향사**Wirkungsgeschichte(작용사)이다. 가다머 이전에 존재해왔던 이 독일어 개념은 통상적으로 수용사 die Geschichte der Rezeption 혹은 더 단순히 역사에서의 어떤 작품의 여파Nachwirkung를 가리킨다. 예를 들면 우리는 프랑스 혁명을 그 '영향사'와 분리할 수 있듯이, 세르반테스의 작품을 그 작품의 '여파'와 구분할 수 있다. 여기에는 역사의 어떤 '작용함Wirken'이 존재하는데, 가다머가 보기에 이 작용함은 역사적 존재 일반에게 구성적이다. 그러나 이에 대한 가다머의 증명Ausweisung을 제대로 평가하려면 정신과학에서의 영향사의 기초적인 의의에서 출발해야만 한다.

'영향사'라는 특수한 전문 영역은 19세기 역사가에 의해 발전되었다. 그들은 자신의 '역사의식'을 자랑스럽게 생각했으며, 원천들과 사실들에 대한 그들의 연구와 그 여파를 구별하는 일을 염두에 두었다. 그래서 우리는 위대한 작품들 혹은 사건들을 (먼저) 그 자체를 위해서 연구하고, 두 번째 단계에서 그것의 영향사를 연구할 수 있다. 플라톤의 사고를 그러한 것으로 탐구하려는 역사가는 후세와 그들의 선입견들로부터 거리를 두려고 노력하게 된다. 이것들이 그의 인식을 침해할 수 있기 때문이다. 따라서 영향사적 여파에 관한 역사적 계몽은 그들의 교활한 영향으로부터 벗어나도록 허용해야 할 것이다. 그러므로 영향사 연구는 역사가가 새로운 의의를 부여하기 이전에 과거의 객관적인 해석("그것이 정말로 실제로 어떻게 존재했었는가")*을 위해 고용되었다.

가다머는 영향사와 항상 거리를 두려 하는, (이른바) 그 자체로 영예로운 이해라는 이러한 이상理想이 자신의 작용에 무제한적으로 부응하는지 자문했다. 그 자체를 위한 후세의 연구는 우리가 그 효력Wirksamkeit에서 벗어나는 것도 함축하는가? 이는 결정되지 않았다. (실증주의의 당면한 예에서 알 수 있듯이) 영향사를 객관화하려고 시도하는 해석 스스로, 자신의 입장에서 특수하며 다소간 명료한 영향사의 성과인 선입견들과 객관성의 이상理想

---

* 레오폴드 폰 랑케(1795~1886)의 역사관으로 지칭되는 객관주의 역사관을 의미한다.

이라는 이름으로 수행되었기 때문이다. 가다머의 눈에는 영향사의 현존Präsenz을 객관화하는 것이 별로 중요하지 않은 듯 보인다. 이는 아무튼 무한한 과제이다. 그곳에서 우리는 모든 이해가 하나의 영향사에 의해 유지되고 계속 이어진다는 점을 인식하는 대신, 자신의 모든 규정들에서 주인이고자 희망하기 때문이다. 이해가 작품들과 그것들의 영향 자체에서 기인한다는 점은, 이해에 항상 부분적으로만 의식될 뿐이다.

　가다머의 철학적 의도는 이러한 영향사에 대한 적절한 **의식**의 발전과 관계된다. 하이데거와 불트만에게서처럼 이때 중요한 것은, 우선 그 한가운데 의식이 머무는 영향사의 작업을 자신의 고유한 해석학적 상황을 규명하기 위해 될 수 있는 한 드러내려고 노력하는 의식이다. 이것은 역사적 탐구의 영역에서 완전히 정당하며, 심지어 권할 만하다. 그러나 가다머의 시각에서 동일하게 중요한 것은 그러한 해명의 **한계들을** 의식하는 일이다. 더 자세히 말하자면, 역사작업은 우리 의식을 그럼에도 우리가 의식하는 것을 넘어 규정한다. 하나의 유한한 의식은 결코 모든 그의 규정들의 주인이 되지 않는다. 그러므로 가다머의 근본개념은 발전되는 것이 타당한 '영향사적 의식'의 개념이다. 《진리와 방법》제2판 서문에 적혀 있듯이 이 개념은 이중적이다. 한편 이 개념을 통해서 역사에 의해 각인되며, 유지되고getragen 규정된 의식이 지칭된다. 다른 한편으로 중요한 것은, 바로 이러한 역사에 의한 각인되어짐Von-der-Geschichte-Geprägtseins에 의해 의식됨Bewusstwerden이다. 가다머는 이 의식을 전적으로 그 자체의 투명한 의식에 대항해 설정했다.[6] 가다머가 제시하는 희망의 본질은, 우리 의식의 본질에 합당한 제한성과 유한성을 인식하는 것이 바로 우리를 자기교정과 새로운 경험에 개방적으로 유지되도록 인도한다는 것이다.

계몽주의를 특징짓는 '선입견들에 반한 선입견'의 비판에서처럼 여기서는 '역사의식'의 자기비판이 관건이다. 이러한 의식의 도움으로 역사가들은 이른바 역사 자체를 극복하려 했다. 그리고 그들은 역사를, 자연과학자가 현상들을 설명하려 할 때 행하듯이 그것의 고유한 맥락으로부터 '객관적으로' 암호를 해독하려 했다. 여기서 가다머가 강조하는 요점은 역사가의 재구성 작업이 얼마나 영향사에 놓여 있는지 오인한다는 것이다. 이러한 오인은 여러 의미에서 이루어진다. 먼저, 이러한 이상理想이 얼마나 자연과학의 실증주의적 방법론에서 유래하는지 오인된다. 더 나아가 과거의 모든 재구성은 어쩔 수 없이nolens volens 어떤

---

6   Vorwort zur 2. Auflage von H.-G. Gadamer, *Wahrheit und Methode*, Jetzt in Gesammelte Werke, Band 2, Tübingen 1993, S.444.

영향사에 놓여 있지만, 또한 그것에 의해 살아가는지 시인되지 않았다(Gadamer, 1976, 14의 제2판 서문 참조. VM의 첫 번째 번역판에 나와 있다). 가다머는 영향사에서 이른바 역사적 인식의 가능성에 대한 조건으로서 어떤 한계를 인식하지 않는다. 영향사는 부분적으로 자신의 배후를 묻게 만들지만, 결코 완전히 드러나도록 허용하지는 않는다.

5. 지평혼융과 그 적용

자신의 유한성을 지각하는 이러한 '영향사' 의식의 조명照明에서 이해는 주관의 활동성으로서가 아니라 오히려 영향사적 사건으로서 등장한다.

> 이해란 주관성의 활동이라기보다는 과거와 현재가 부단히 상호 매개 작용을 하는 전통의 전승이라는 사건에 참여하는 것을 뜻한다. 바로 이런 생각이 해석학 이론에서 타당성을 인정받아야 하는데, 그 이론이란 절차, 즉 방법의 이념으로부터 너무나도 많이 지배받는 이론이다(VM, 312; GW I, 295. 지평 융합에 대한 나의 연구를 볼 것. Archives de philosophie 68, 2005, 401~418).[7]

과거와 현재 사이의 이러한 지속적인 매개가 '지평혼융'이라는 가다머 구상의 원천이다. 과거를 이해한다는 것은 현재의 지평을 그 편견들과 더불어 넘어선다는 뜻이 아니다. 오히려 그것은 과거를, 그 안에서 과거와 현재의 지평들이 서로 융합하는 현재의 언어로 번역하는 것이다. 융합은 사람들이 더 이상 무엇이 여전히 과거에 종속적이고, 무엇이 현재에 종속적인지 인식할 수 없는 방식으로 성취된다. 그로부터 '융합'의 이념이 유래한다. 그러나 현재와 과거의 이러한 융합은 또한, 더 근본적으로 **해석하는 자**des interpretants와 그가 **해석하는 것**mit dem interpretandum의 융합이다. 예술 경험은 우리에게 예술작품의 이해가 융합의 사건이라고 가르쳤다. 이때 더 이상 무엇이 객체로부터 자라나며, 그리고 무엇이 이해하는 주체로부터 자라나는지 올바로 구별되지 않는다. 이 둘은 주체와 객체의 (하나의) 성취된 만남에서 융합한다. 이 만남에서 우리는 **지성과 사물의 일치**adaequatio rei et intellectus에 대한 가다머의 표현법을 인식할 수 있다. 그것은 진리의 고전적 정의에 의거한 사태와 사고의 타당함Angemesenheit에 대한 표현법이다.

현재와의 융합이 존재하는 한, 이해는 항상 어떤 적용의 계기

---

7   Gadamer, *Wahrehit und Methode*, S.295(한국어판:《진리와 방법》2, 임홍배 옮김, 문학동네, 2012, 171쪽 비교. 마지막 문장의 번역은 원문과는 다른 내용으로 되어 있다).

를 함께 포함한다. 해석하는 자가 이해하자마자 그는 고유한 것을 함께 가지고 들어온다. 그러나 그의 '고유한 것'은 같은 정도로 그의 시대, 그의 언어, 그의 문제제기의 고유한 것이다. 어떤 작품은 항상 고유한 시대의 물음으로부터, 대부분 의식하지 못한 상태에서 해석된다. 따라서 이해란 어떤 의의를 현재에 적용한다는 것을 의미한다. 여기서 가다머는 예전의 해석학에서 제시된 **적용의 기술**subtlitas applicandi을 증거로 끌어댄다. 이 기술은 18세기 경건주의에서 여전히 해석학의 중심 과제에 속한 것이었다. 어떤 목사의 경우 이 적용은 설교에서 실행되는데, 이 설교는 성경 텍스트의 이해를 신자들의 현재적 상태에 적용하려고 시도했다. 가다머가 이해란 어떤 의의를 현재에 적용하는 것 이외의 다른 것이 아니라고 주장할 때, 그는 이 적용의 기술에 전례 없는 파급 효과를 허용한다. 그것으로 가다머는 슐라이어마허와 딜타이의 방법적이며 재구성적인 이상理想을 반박한다. 이 이상은 현재에 대한 관여를 객관성의 위협으로 파악해 배제하려 한다. 사람들이 이해사건에 참여하지 않고서도, (즉) 현재의 동반관계 없이 정말로 이해할 수 있느냐고 가다머는 반문한다.[8]

---

8   이런 구상은 당연히 엄청난 저항을 야기했다. H. Krämer, *Kritik der Hermeneutik*, München 2007, S.26-29 참조.

번역은 가다머가 적용을 어떻게 이해하는지에 대한 좋은 사례를 제공한다. 어떤 텍스트를 번역한다는 것은 그 텍스트가 다른 언어로 말하도록 하는 것을 의미한다. 이때 우리 언어의 수단 Mittel은 자명하게 실효를 거두어야 하며, 실로 말해져야 한다. 낯선 의의는 단지 우리가 이해할 능력이 있는 언어에서만 다시 구성될 수 있다. 만약 이 번역이 성취된다고 한다면 이는 어떤 다른 언어로 옮겨져轉移, Übertragung 번역되어야 하는 것과 참된 융합이 이루어진다는 뜻이다. 대개 하나의 번역은 사람들이 어떤 번역을 읽는다는 느낌이 적을수록 성공한 것이다. 특히 거기서 우리는 고유한 언어매체의 이러한 적용이 엄격함과 진리를 그 자체에 포함함을 인식한다. 우리가 하나의 텍스트를 임의로 번역할 수는 없다. 번역되어야만 하는 외국어 텍스트가 중요하다. 그러나 이는 단지 고유한 언어 가능성들의 적용을 통해서만 가능하다. 따라서 가다머가 주시하는 해석자의 적용이 어떤 주관적인 임의의 형식과 연결될 수 있다는 것은 하나의 오해이다.

이 번역모델은 계속되는 귀결을 지닌다. 이 모델이 모든 이해의 '언어적' 요소를 중요하게 부각하기 때문이다. 언어적 요소의 보편화가《진리와 방법》의 마지막 부분을 장식한다.

6. 해석학적 경험의 대상과 실행으로서의 언어

번역의 동기는 실제로 해석학과 그것의 보편성 요구들을 위한 표준 기능을 향유한다. 이는 처음에 사소한 것처럼 들릴 수도 있다. 그러나 한편에서 번역은 항상 언어적인 것에 주의를 기울인다. 여기서 이해되어야 할 **대상**Gegestand은 언제나 언어적으로 작성된다. 다른 한편에서는 번역 자체가 하나의 언어적 **진행과정**Vorgang이다. 사람들은 어떤 것을 다른 언어로 (그리고 결코 임의적인 것에 의거하지 않고) 번역하려고 시도한다. 그러므로 이는 우리의 이해 능력과 언어 능력을 요구하는 하나의 경과과정이다.

그럼에도 불구하고 여기서 전혀 사소하지 않은 보편화가 나타난다. 가다머에 따르면 번역에 유효한 것은 **모든** 이해형식들에도 해당된다. 다시 말해 지금까지 가다머의 전형적인 예를 제공한, 정신과학에서 실증되는 이해형식들뿐만 아니라 일반적이며 일상적인 이해, 즉 언어적인 이해에도 그 대상과 실행이 해당한다.

여기에는 두 가지 논제가 있다. 첫째, 이해는 항상 언어적 과정이라는 것이다. 부정적으로 표현하면, 어떤 방법으로든 **언어화**Versprachlichung, mise es langage 방식으로 진행되지 않는 이해란 존재하지 않는다. 이해란 어떤 의미를 통해 말을 걸게 되는 것, 그리고 이 의미를 불가피하게 항상 고유한 하나의 언어로 번역할 수 있다는 뜻이다. 여기서 이해의 경과와 그것의 언어화 경과 사이에 융합이 일어난다. 가다머의 착상은 언어가 이해에 선행하고 이해 없이 진행될 수도 있다는 지적 경과의 (추가적인) 번역이 아니라는 점이다. [단호하게] 그런 것이 아니다. 모든 이해탐색은 항상 이미 언어에 대한 탐색이다. 언어 없이는 어떤 사고도 존재하지 않는다. 두 가지는 동시에 일어난다. 가다머에 따르면, 유럽의 사고는 자율적인 사상에의 관계에서 언어에 단지 두 번째의 위치만 인정함으로써 언어와 사고의 동시성 또는 융합을 플라톤 이래로 집요하게 오인해왔다. 여기서 가다머는 전체 유럽의 전승을 관통해 유지되어온 언어망각성을 입증한다(이 언어망각성은 그의 사고에서 예컨대 하이데거의 존재망각성이 보유한 그런 위치를 점유한다). 그는 단지 하나의 유일한 예외를 알고 있었는데, 바로 아우구스티누스에 의해 피상적으로 언급된 **사상**Gedanke, logos과 그것의 **언어화**Versprachlichung, incarnatio 사이에 성립하는 근본적인 존재-동일성Seins-Identität이라는 착상이다. 여기서 유일하게 언어와 사고Denken의 **동질성**Wesensgleichheit이 인식되었다고 한다.

언어는 사고처럼 넓게 미치며, 심지어 사고보다 앞서서 미리 작업한다.[9] 그래서 언어는 이해될 수 있는 모든 것을 포괄할 수 있다. 그러므로 언어는 고유한 관점(한 언어의 관점 혹은 특수한 공동체의 관점)에 제한되지 않는다. "우리 세계경험의 언어결부성 Sprachgebundenheit"이 어떠한 "배타적인 관점성"을 의미하지 않는다(VM, 472; GW I, 452).[10] 그러므로 오늘날 제시되는 대부분의 언어이론에서처럼, 우리 이해의 언어적 기초Verfassung를 의미하게 된다는 관점주의적 한계가 결코 강조되지 않으며, 오히려 정반대로 언어의 보편적 개방성이 강조된다. 대화로부터 이해되는 언어는 이해할 수 있는 모든 것에 열려 있지만, 이는 또한 우리의 지평들을 확장하는 다른 언어적 지평들에도 열려 있다. 번역과 대화는 원칙적으로 항상 가능하다. 이는 우리 언어가 어떤 한계를 모른다는 의미가 아니다. 우리의 단어들은 종종 우리가 느끼는 모든 것을 표현하는 데 매우 불충분하다. 그러나 언어의 한계는 여기서 우리 이해의 한계와 같다. 언어의 한계에 대한 모든 비판은 심지어 언어의 내부에서만 이루어질 수 있다. "그런 점에서 언어는 언어의 고유한 권한에 대한 일체의 반론을 거뜬히 넘어선다. 언어의 보편성은 이성의 보편성과 합치된다"(Gadamer, 1996, 424a; GW I, 405).[11] 이는 그 자체가 이해적이어야만 하며 언

---

9 Vgl. H.-G. Gadamer, *Wie weit schreibt Sprache das Denken vor?*(1970), Gesammelte Werke, Band 2, S.199-206.

10 Gadamer, *Wahrheit und Methode*, Gesammelte Werke, Band 1, S.452.

11 Ebd., S.405.

어 없이는 실행될 수도 없는 어떤 언어에서 표현된다.

그러므로 우리는 이해할 수 있는 모든 의의에 대한 개방성을 지칭하기 위해서 언어의 보편성과 대화적 합리성에 대해 말할 수 있다. 그러나 이는 언어가 여기서 존재 자체의 빛으로 이해되기에 가능하다. 이로부터 가다머의 두 번째 커다란 논제가 유래한다. 이해의 실행만 언어적인 것이 아니라 이해 대상 자체가 항상 언어적이다. 이러한 의의는 가다머의 유명한 표현에서 지속된다. "이해될 수 있는 존재는 언어이다."[12] 그것은 텍스트에도 두말할 나위 없이 타당하다. 그러나 가다머에 따르면 내가 이해하는 세계는 항상 언어로 정향되어 있는 어떤 세계이다. 나는 세계를 단지 언어적으로 만날 뿐이다. 이 벽, 이 의사, 이 공포가 나에게 먼저 물리적인 실재들로 제시되고 나서 내가 그것에 명칭을 부여할 수 있는 그런 것이 아니다. 내가 보는 것은 어떤 벽, 어떤 민간 요법 치료사, 그리고 나의 목을 졸라매는 것은 어떤 공포이다. 이해될 수 있는 모든 것은 언어로 공표되는 하나의 존재이다. 내가 무엇이 어떤 것이라고 이해하려 시도하자마자, 이미 언어인 동시에 그로부터 이해될 수 있는 어떤 존재를 찾는 것이다.

결정적인 것은 가다머의 강조가 주체(혹은 하나의 언어공동체)

---

12 Ebd., S.478.

를 통한 세계의 언어화에 놓이지 않았다는 점이다. 가다머에 따르면 홈볼트*의 견해가 그런 경우였다. 홈볼트에 의하면 언어는 하나의 '세계관Weltansicht'이다. 우리 세계이해의 '상징적 형식'으로서 언어를 이해했던 카시러Ernst Cassirer** 또한 그런 경우였다. 가다머의 중심적 통찰은 더 근원적인 언어이해에 착수한다. 세계의 존재를 가장 먼저 드러내도록 만드는 것은 언어이다. 언어는 사물 자체의 언어가 전개될 수 있도록 만들기 때문이다. 그렇게

---

* 프리드리히 빌헬름 크리스티안 카를 페르디난트 폰 홈볼트(Friedrich Wilhelm Christian Carl Ferdinand von Humboldt, 1767~1835)는 독일의 철학자, 교육학자, 정치가이다. 그는 베를린 대학교의 공동설립자이기도 하다. 언어학자로서 그의 명성은 외교관 생활 말년(1817년경) 바스크어에 대한 연구로 이 분야에 대한 학계의 주목을 환기한 것으로 유명하다. 자바 섬의 고대 카위어에 대한 그의 연구는 생전에 끝나지 못했는데, 그의 동생과 부슈만이 공동으로 연구를 진척시켜 1836년 간행했다.

** 에른스트 카시러(1874~1945)는 1892년부터 1896년까지 법학·독문학·근대 문학사를 베를린, 라이프치히, 하이델베르크 등에서 배웠다. 그는 짐멜로부터 코헨의 명성을 듣고 마르부르크 대학으로 가서 1899년 코헨의 지도로 학위를 받았다. 이후 베를린에서 연구하고 《근세의 철학과 과학에서의 인식문제》(1906~1920)에 착수했고, 1906년 베를린의 사강사, 함부르크 대학의 교수(1919~1933)를 역임했다. 주저 《상징형식(象徵形式)의 철학》(1923~1929)을 공개적으로 출판한 뒤 나치스 정권에 쫓겨 스웨덴과 영국을 거쳐 미국으로 가서 예일 대학과 컬럼비아 대학에서 가르쳤다. 신칸트학파(마르부르크 학파)의 일원으로 인식문제를 넘어서 의식(意識)을 학(學)의 의식으로부터 신화적(神話的)인 의식으로 확대하고, 자연과학의 사유구조(思惟構造)로부터 정신과학·문화과학의 사유구조로 나아가, 문화의 기본 개념으로서 상징의 의미를 명백히 했다.

언어는 항상 사물의 존재가 암시되는 곳에서 '존재의 빛'을 구현한다.

　현대적 사고로부터 너무 강한 영향을 받은 해석자들은 가다머가 제시한 이러한 논제의 도달범위를 항상 충분하게 파악하지 못했다. 그의 의도는 우리가 현실을 반드시 언어를 통해(그것이 언어공동체의 표현이든 역사적 문화의 표현이든) 자기 것으로 만들었다는 점과, 따라서 '존재 그 자체'는 스스로 전혀 인식할 수도 없다는 점을 말하자는 것이 아니다. 반대로 그는 우리가 사물의 참된 존재를 인식하도록 돕는 것이 언어라고 말한다. 가다머는 가장 단호하게 (훔볼트와 카시러가 표방하고, 물론 칸트로 되돌아가는) 근대적 이념을 비판한다. 이 이념에 의거하면 현실적인 것은 그 이해 가능성을 단지 우리 언어, 우리 세계관, 우리 범주의 도움으로 얻을 수도 있다고 한다. 의미를 부여하는 주관das sinngebende Subjekt이, 처음에는 의미가 없으며 우리의 말함과 사고함의 빛에서 비로소 의미를 획득한다는 객관들Objekten의 비언어적 세계에 직면해 있음을 알게 되는 것이 아니다. 여기서 가다머는 언어로부터 주관의 수중에서 어떤 수단을 만드는 유명론唯名論적이며 도구적인 언어이해를 공개적으로 지탄한다.

　가다머는 언어가 이미 사물 자체의 존재를 나타내는 표현이라는 점을 확고히 한다. 이는 우리가 마음대로 할 수 있는 도구가 아니다. 오히려 중요한 것은 그 중심에서 존재뿐만 아니라 이해도 발견되는 보편적인 요소이다. 그것은 이 둘을 근원적으로 서로 융합하는 결속이다. 존재와 이해의 '언어성'이라는 이러한 보편적 요소는 해석학이 보편성 요구를 제기할 수 있도록 허용한다. 그를 통해서 해석학은 정신과학에 대한 반성이라는 지평을 넘어 우리의 세계경험과 세계 자체의 언어적 성격에 대한 보편적이며 철학적인 반성으로 나아간다.

6장

베티, 가다머, 하버마스:
해석학과 이데올로기 비판

1. 베티의 방법론적 반작용

영향사에 대한 자신의 고유한 견해를 경험적으로a posteriori 입증한 가다머의 해석학은 생동적인 철학적 논쟁 또한 야기했다. 이 논쟁은 가다머 해석학의 의미와 범위를 인식할 수 있도록 만드는 데 기여했다. 최초의 의미심장한 반작용은 이탈리아 법학자 에밀리오 베티Emilio Betti로부터 나왔다. 그는 1955년 출간된 자신의 광범위한 저서《해석의 일반이론Teoria generale, Allgemene Theorie der Auslegung》에서 해석학의 엄격한 방법론적 견해를 대변했다. 이 견해는 슐라이어마허와 딜타이의 전통에 놓여 있다. 그러나 베티의 탁월한 종합은 앞선 두 위대한 선행자의 기획보다 더 무한하게 차별화되어 전개되었다. 1000쪽에 달하는《해석의 일반이론》은 아마 거의 읽히지 않았을 것이다. 베티는 자신의 핵심 사상을 요약하여 가다머의 이론을 반박하는 두 권의 논쟁적인 독일어 책을 썼는데, 이것이 더 많은 주목을 끌었다. 1954년에 나온《보편적 해석론의 기초놓기에 대하여Zur Grundlegung einer allgemeneien Auslegungslehre》와 1962년에 나온《정신과학의 일반적 방법론으로서의 해석학Die Hermeneutik als allgemeine Methdik der Geisteswissenschaften》에 수록된 한 에세이가 그것이다(Betti, 1988a; Betti, 1988b).[1] 첫 번째 소책자에서는《진리와 방법》에 대한 언급이 당연히 없지만, 베티는 이미 하이데거와 불트만의 '이단적인' 학설들을 공격한다. 이 학설들은 선이해에서 해석의 어떤 긍정적 조건을 포착하려는 것이다. 베티는 해석학의 고전적 견해를 열정적으로 방어한다. 이 견해에 따르면 선이해는 올바른 이해를 증진하기보다는 침해한다. 그는 하이데거가 해석에서 (선)이해의 전개 이외의 다른 것을 보지 않을 때, 해석과 이해의 자연적이며 목적론적인 결합을 왜곡한다고 그를 비난한다.

1962년의 에세이는《진리와 방법》에 첫 번째 주요한 타격을 입히며 항변한다. 그러나 이 에세이는 (하나의) 예견할 수 있는 공격방향을 따라간다. 이것이 가다머에게 자신의 해석학의 의미와 목표방향을 자신의 항변들, 특히《진리와 방법》제2판의 서문과 〈해석학과 역사주의〉(1965)라는 에세이에서 분명히 나타낼 수 있도록 만들었다(Gadamer, 1982, 49-87). 베티는 특히 모든 이해

---

1   E. Betti, *Zur Grundlegung einer allgemeneien Auslegungslehre*, Neuauflage Tübingen, 1988; *Die Hermeneutik als allgemene Methdik der Geisteswissenschaften*, 1962, 2. durchgesehene Auflage Tübingen, 1972.

에 포함되는 (현재에 대한) 적용에 대한 가다머의 구상을 공격한다. 그는 가다머가 어떤 작품의 **의의**Bedeutung, 즉 저자의 관점으로부터 형성되는 근원적인 의미Sinn를 **유의미성**Bedeutsamkeit과 혼동한다고 비난한다. 어떤 작품의 의의가 이 유의미성을 모든 해석자에게서 그리고 역사의 흐름에서 획득한 것이다. 그의 눈에 해석학의 본질적인 과제는 (주관주의로 인도하게 되고 마는) 현재에 의미를 적용하는 데 있지 않고, 오히려 저자의 의도die mens auctoris를 다시 수립하는 데 있다. 베티는 가다머에 의해 표면적으로 제안된 '해석학적 방법론'이 방법을 포기하고 자신의 고유한 선입견들을 되는 대로 내버려두는 상황으로 빠져들고 말 것이라고 비난한다. 분명 베티는 가다머가 자신과 동일한 해석학의 '방법적' 견해를 가지고 있다고 생각했다. 그러나 베티가 이해한 가다머의 '방법'은 가다머에게 부조리한 것으로 나타난다.

가다머는 베티의 비판에서 자신의 실제적인 의도들이 오해된다는 사실을 인지했다. 가다머는 새로운 방법론을 도입하려는 계획이 전혀 없었다. 그리고 베티가 가다머의 입장으로 추정한 그러한 것이 전혀 아니었으며, 오히려 가다머는 정신과학의 고유한 진리경험에 천착하려 했다. 이것이 바로 그를 (여전히 매우 강하게 자연과학의 모델에 종속적이었던) 방법론의 영역 너머로 나아가도록 인도했다. 그는 과거의 의의Bedeutung가, 정말로 과거가 우리를 위해 보유하며 역사의 흐름에서 획득했던 의미Sinn로부터 독립해 이해될 수 있는가라는 물음을 제기함으로써, 어떤 작품의 (근원적인) 의의와 (현행적인) 유의미성Bedeutsamkeit 사이의 구별이 적용되는 도달범위를 약화했다.

그러나 또 다른 논쟁은 해석학이 각광받고 동시에 유명해지는 데 기여했다. 이 논쟁을 가다머는 하버마스를 통해 마주하게 된다.

2. 하버마스가 바라본 가다머의 업적

1960년대 당시 위르겐 하버마스Jürgen Habermas는 사회과학의 논리에 열중했다. 이 논리는 정신과학의 영역에서 가다머가 수행한 작업처럼, 어느 정도 사회과학의 특수한 진리기여Wahrheitsbeitrag를 정당화하고자 시도했다. 그의 매우 중요한 연구인《사회과학의 논리Zur Logik der Sozialwissenschafen》는 가다머가 편집한 학술지《철학적 동향Philosophische Rundschau》에 논문으로 먼저 발표되었다. 1961년에 이미 프랑크푸르트에서 하버마스를 둘러싼 의견이 분분했다는 것을 알고 있었던 가다머는, 그에게 하이델베르크 대학의 원외 교수직을 소개함으로써 그를 비호했다.

《사회과학의 논리》는 오랜 기간 사회과학의 인식이론과 '논리'에 관해 실렸던 주요 기고문을 담은 비평집이었다. 프랑크푸르트학파에서 출발한 하버마스의 의도는 이 학문들이 (하나의) '해방적' 관심에 의해 선도된다는 것을 가리키고 있었다. 이 관심은 사회과학을 기존 사회에 대해 비판할 수 있는 상태로 옮겨놓는다. 이때 하버마스는 특히 그들의 전공 분야에서 순수한 실증주의적 견해에 굴복하는 사회학자들과 투쟁한다. 그들의 조망방식에 따르면 사회과학은 경험적이며 측정할 수 있는 소여와 관련이 있으며, 이 소여는 인식의 관심으로부터 완전히 자유롭다. 그렇지 않다면 객관성에 대한 그들의 요구가 침해받기 때문이다. 따라서 하버마스는 사회과학적 인식유형을 정당화할 때 가다머로부터 영감을 얻지만, 또한 가다머를 날카롭게 비판한다. 두 사상가 사이에 아마 연대보다 비판이 더 유명세를 탔기 때문에 [먼저] 그들의 근본적인 일치를 기억하는 것이 중요하다.

① 하버마스는 먼저 완전히 "전통적인 정신과학의 객관주의적 자기이해"에 대한 가다머의 비판에 연대를 표방한다.

해석하는 학자들이 그들의 해석학적 출발상태에 결속되어 있다는 사실로부터 이해의 사태성Sachlichkeit이 선의견들Vormeinungen을 추상함으로써 보장될 수 없으며, 오직 인식하는 주체들을 그들의 대상들과 이미 항상 결합하는, 영향사적 연관의 반성을 통

해 보장될 수 있다는 사실이 추론된다(Habermas, 1987b, 245-246).[2]

이로부터 하버마스는 사회탐구자가, 더욱이 자신이 그 일부이기도 한 객체([사회])와 관련되어 있으며betroffen wird, 해방적이며 탐구 방향에 영향을 끼치는 자신의 선입견들을 의식하게 되면 이 객체를 획득할 수 있다는 결론을 이끌어낸다.

② 마찬가지로 하버마스는 지침이 될 만한 통찰들과 관련해 가다머의 언어이해에 신세를 진다. 그럼에도 이 통찰들이 그로 하여금 가다머를 비판하도록 만들었다고 한다. 먼저 우리가 사회적 행위를, 행위가 전개되며 이해되고 또한 스스로가 반성되는 언어로부터 추상하게 된다면, 이해할 수 없다는 것이 명백해진다. (당연히 여기서 사회과학적으로 전환된) 이해의 대상과 실행은 항상 이미 언어적으로 작성되었다. 그러나 하버마스는 가다머에게서 더 중요한 어떤 것을 발견했다. 바로 언어가 비트겐슈타인의 '언어놀이' 이론에서처럼 어떤 폐쇄된 우주를 형성하는 것이 아니라고 주장하는 이념이다. 하버마스는 가다머의 도움을 받아

---

2   J. Habermas, "Der Universalitätsanspruch der Hermeneutik", *Hermeneutik und Ideologiekritik*, FfM 1970, S.127.

비트겐슈타인의 이론을 훌륭한 방식으로 비판한다. 언어는 모든 것을 위해 표현을 찾는 자신의 능력을 통해서, 그리고 동시에 자신의 고유한 제한과 고정Festsetzung을 넘어서는 능력을 통해서 특징지어진다. 좀 더 자세히 말하면, 가다머는 외국어로 작성된 내용의 의의를 **번역하는 것**이 항상 가능하다는 점을 보여주었다. 따라서 언어는 모든 가능한 의미 지평에 열려 있으며, 어떤 주어진 언어학적 영역의 한계를 넘어설 수 있다. "진실로 언어권역들Sprachkreise은 모나드적으로 폐쇄되지 않았으며, 외적으로나 내적으로 통기성通氣性의 속성porös이 있다"(Habermas, 1987b, 190).[3] '외적으로는' 언어가 그때그때의 외국어로 작성된 내용을 받아들이며 번역할 수 있기 때문에, 그러나 또한 '내적으로는' 언어가 자신의 고유한 확정Festsetzung을 초월하고 뉘앙스를 부여하며 이해되어야 하기에 새로운 표현들을 발견하는 정도에서 그러한 통기성의 속성을 띠고 있다. 하버마스의 눈에는 이 개방성이 언어에 내재하는 합리성의 잠재력을 입증한다(Habermas, 1987b, 185).[4] 그

---

3   J. Habermas, *Zur Logik der Sozialwissenschafen*, Ffm, 1970, S.258.

4   Ebd., "언어들 자체는 이성의 잠재력을 포함하고 있다. 이 이성은 특정한 문법의 특수성에서 자신을 드러내듯이 언어들의 한계를 함께 반성하고 특수한 것으로서 부정한다. 지속적으로 언어에서 편입되는 이성은 그것의 언어들을 항상 이미 넘어선다. 이성은 자신이 구체화되는 언어들의 특수화들(Besonderungen)을 무화시킴으로써만 언어에서 생동적으로 활동한다." J.

가 나중에 말하게 되는 이성은 자신의 장소를 언어에서, (그 안에서) 언어가 자기 자신을 넘어 성장할 수 있는 정도로 보유한다. 이는 인상적인 구상이며, 하버마스를 통한 가다머 해석학의 적용이기도 하다. 물론 이 구상은 영향력 있고 주목할 만한 비판을 수반하게 된다.

3. 하버마스의 가다머 비판

"가다머는 이해에서 전개되는 반성의 힘을 오인한다."[5]

하버마스에 따르면, 가다머가 언어의 주어진 한계를 넘어설 능력이 있는 '의사소통적 이성'의 잠재력을 발견했다고 한다면 가다머는 자신의 통찰의 도달범위를, 인식이 전통 혹은 어떤 주어진 공동체가 지탱하는 이미 존립하는 합의를 근거로 삼는다는 주장을 통해 상실하게 된다. 그러나 이제는 '이데올로기 비판'을 통해 이미 존립하고 지탱되는 이러한 합의의 한계들의 배후를 묻고 넘어설 수 있다. 이 비판의 의도는 주어진 공동체 혹은 집단의 지배 이데올로기를 문제 삼아 하나의 "체계적으로 왜곡된 의

Habermas, *Philosophisch-politische Profile*, Ffm, erw. Aufl., 1981, S.288 참조.

5   J. Habermas, *Zur Logik der Sozialwissenschafen*, S.283(= *Hermeneutik und Ideologiekritik*, 48).

사소통"으로 폭로하는 것이다. 이 의사소통이 왜곡된 이유는, 의
사소통을 대화 상대자들 사이의 합의라는 당연한 목표가 아닌
곳으로 끌고 가는 데 있다. 그러므로 이 비판은 하나의 이상적인,
아마도 비현실적인 의사소통 공동체라는 이름으로 수행된다. 그
럼에도 모든 의사소통이 합의를 목표로 하는 한, 이 공동체는 모
든 대화에서 전제된다고 한다. 정신분석학자Psychoanalytiker가 환
자의 내적 의사소통의 장애물을 진단하는 능력이 있는 것과 마
찬가지로, 사회치료사Sozialtherapeut는 주어진 공동체가 지탱하
는 '잘못된 의식'의 형식과 같은 어떤 사이비 합의를 발견하는 능
력이 있다. 그러나 우리가 어떤 주어진 공동체가 지탱하는 기존
의 합의를 문제시한다면, 우리는 해석학의 영역을 떠나 '이데올
로기 비판'의 차원을 획득한다. 이데올로기 비판이 반성작업을
토대로 전통의 특정 영역에서 벗어난다고 하면, 이 비판은 하나
의 규범적(Habermas, 1987b, 215: "사고의 권리는 해석학적 접근의 자
기제한을 요청한다. 이 권리는 그 자체로 전통의 맥락을 초월하는 기준의
체계이다") 연관체계를 만들어낸다. 이 체계는 이러한 비판이 전
통에 대한 비반성적 귀속성을 동요하게 만들도록 허용한다. 정
신분석학이 또 한 번 입증하듯이, 어떤 반성을 통해서 알게 된 전
통은 우리를 규정하기를 멈출 것이다. 이리하여 하버마스는 "문
화적 전승들을 절대적으로 정립한다"고 가다머를 비난한다

(Habermas, 1987b, 218). 그러나 우리가 하버마스의 비판을 정확히 고찰하면 그는 또한 "가다머를 통해 가다머에 대항해"(Habermas, 1987b, 215) 사고하려고 시도한다는 점이 분명해진다. 하버마스가 전통에 대한 가다머의 견해에 대항하는 논거로 인용하는 그것은 바로 가다머의 언어이해이며, 자기극복을 수행할 수 있는 언어 능력이기 때문이다.

그러나 정말 우리가 가다머를 통해서 문화적 전승의 절대화에 대해 말할 수 있는가? 이는 분명하지 않다. 가다머는 사람들이 이데올로기적이라고 부를 수도 있는, 예를 들어 특정 언어 혹은 상황의 경계들을 넘어설 수 있다는 점을 아주 잘 인정한다. 언어는 실로 통기성通氣性의 속성poräs이 있으며, 가다머의 표현을 빌리면 모든 의미 있는 것에 대해 '개방적'이다. 바로 거기에서 하버마스가 가다머의 언어이해에 부여하는 커다란 기여가 성립하는 것은 아닌가? 덧붙여 가다머는 이미《진리와 방법》에서 어떤 전통의 권위는 권위적인 것이 없으며, 오히려 인정과 이성의 행위에 기인한다고 강조한 바 있다(VM, 300; GW I, 284). 권위는 우선 첫째, 탁월함의 인정이기 때문이라고 한다. 그러므로 가다머에게 중요한 것은 전통으로부터 어떤 절대적 규준을 만드는 것이 아니다. 이를 제시한 하버마스를 향해 가다머는 자신의 유명한 논문 〈수사학, 해석학 그리고 이데올로기 비판〉에서 다음과 같이 강조한다. "그러나 문화적 전승을 절대화해야 한다는 것은 나에게 그릇된 견해처럼 보인다"(Gadamer, 1999, 97-98). 리쾨르는 그것을 잘 이해하고 있다(Ricœur, 1985, 320). "전통들에 긍정적인 판단을 내린다고 해도, 그것이 전통을 진리의 해석학적 기준으로 삼는다는 뜻은 아니다."

여기서 가다머와 하버마스는 오히려 의견이 일치한다. 이때 논쟁은 사람들이 주어진 전통의 경계들을 이데올로기 비판이라는 이름으로 넘어설 때, 정말로 해석학적 우주Universum를 떠나야만 하는지라는 물음과 반성을 통해 어떤 전통을 의식하는 것이 전통의 결정을 완전히 위반하는가와 같은 물음에 대한 답변을 두고 전개된다.

반성이 종종 '왜곡된' 전통을 파괴하거나 어길 수 있다는 점은 논쟁의 여지가 없다. 내가 어떤 왜곡된 선입견의 희생자임을 분명히 깨닫게 되면, 이를 의식하자마자 나를 무력하게 만드는 것을 멈추게 할 수 있다. 그러나 가다머는 또한 해석학의 비판적 과제가 '사태에 적절한' 선입견들을 만들어내는 것이라고 강조할 때, 이를 분명히 인식하고 있었다(VM, 288, 298; GW I, 272, 281-282). 게다가 해석학적 순환에 대한 그의 서술은, 이해가 "깨닫지 못한 사고습관들의 침입과 제한의 임의에 대항해" 자기 자신을 지키기 위해 '사태에 대한 시각'을 확고히 해야 한다고 언급하기도 했다. 이러한 자기교정은 가다머에 따르면 "이해하는 해석함 자체의 실행형식" 이외의 다른 것을 서술하지 않는다. 그러므로 가다머는 어떤 주어진 이해 또는 합의가 비판적 반성을 통해 그 배후를 물을 수 있다는 점을 깨우치도록 할 필요가 있다고 간주했다. 그가 강조하는 해석학적 이해의 유한성과 개방성은 원래부터 그것을 목표로 한다. 다만 이러한 반성이 전통에 대한 모든 귀속성을 해체하는 것은 아니다. 어떤 전통에 대한 비판적 반성은 스스로 다소간 명료한 영향사의 영역에서 이루어진다. 비록 내가 나에게 명백히 해명하지 못하더라도, 어떤 전통으로부터 하나의 전통을 문제 삼을 수는 있다. 그러므로 어떤 전통을 문제 삼는 것In-Frage-Stellen은 가다머에 따르면 "그러한 것으로서 전통의 연관을 넘어서며", 영향사로부터 독립적일 수 있다고 하는 하나의 '기본체계Bezugssystem'의 매개로 생겨나는 것이 아니다.

가다머는 주어진 문화적 경계들(혹은 먼저 인지하기 어려운 '사고의 습관들')을 넘어설 수 있다는 점을 아주 잘 인정하지만, 존립하는 (기성의) 합의를 넘어서는 것은 이데올로기 비판이라는 아르키메데스적 원칙에서 출발해야 한다는 주장에는 회의를 표명한다. 이 비판은 사회의 '병리학'을 진단하는 것을 구실로 삼는다. 정신분석학적 모델을 사회의 병리학에 이렇듯 응용하는 것이 가다머의 눈에는 상당히 의심스럽게 보인다. 정신분석치료의 역할은 사회학자의 역할과 현저하게 분리된다. 정신분석학적 처치에서 실제로 우리는 어떤 '병자Kranken'와 어떤 치료사의 인정된 권한을 찾는, 대체로 자신을 그러한 것으로 아는 자의 현재에 놓여 있다. 그러나 사회의 어떤 부분이 근본적으로 '병들었으며', 이를 통해 사회탐구자가 '사회치료사'의 권한을 부당하게 제 것인 체하는 것은 주제넘은 주장이 아닌가? 여기에 실제로 환자가 있고, 논란의 여지가 없는 치료적 권한이 존재하는가?

그러므로 우리가 이데올로기 비판에 몰두할 때, 우리는 결코 해석학적 우주를 떠나지 않는다. 존립하는 합의를 넘어서는 것은 그 자체로 확실한selbstsicher, 이른바 전통에서 분리된 이데올로기 비판의 기본체계의 도움으로 실현되지 않는다. 참가자가 자신들의 한계에 대해 분명해지고 좀 더 나은 통찰에 도달한다면, 이것은 항상 대화와 해석학적 대화 한가운데서 이루어진다. 반성 자체가 이해이며 이해할 수 있어야만 하는 언어에서 실현되기 때문에, 반성은 해석학에 속하며 전통으로부터 완전히 벗어날 수 없다.

하버마스는 스스로 얼마간 의식된 어떤 전통의 한가운데 자리하고 있으며, 이 전통은 자신의 입장에서 어느 정도 반성을 통해 해체된다aufgelöst. 덧붙여 말하자면, 그것을 위한 최고의 예증은 정치적이며 사회적인 맥락의 기억을 통해 제공된다. 이 맥락은 아주 명백하게 하버마스 비판을 위한 배경을 형성했다. 그리고 한 세대 이상이 흘러 이 맥락은 어렵지 않게 그러한 토론에서 결정적인 것으로 간주되어야 했다. 이는 1968년의 혁명과 모든 전통에 근거를 둔 권위에 대한 체계적 이의제기라는 맥락이다. 그런 방식으로 정치적 책임이 부과된 맥락에서는 가다머가 단지 '보수주의자'로 보일 수 있으며(그는 보수주의자이고자 하지 않았고, 사칭하지도 않았지만*), 반면 마르크스주의적 이데올로기 비판과 정신분석학의 해방적인 힘을 그 자체로 요구한 하버마스는 자신에게 진보주의자와 해방자의 역할을 기꺼이 부여했다. (이를 생각할 때 큰 소리로 울리는) 아이러니는 다음과 같은 것이었다. 가장 열심히 이데올로기 비판의 시야를 방어한 사람은 아마 자신의 담화가 가장 명백하게 이데올로기화된 사람일 것이다. 가다머가 아주 나중에 명민하게 언급하듯이, "이데올로기 비판에서 나에게 부족한 것은 이데올로기 비판에 대한 이데올로기 비판이다"(Entretien avec Barkhausen, 1986, 97).

이러한 문제점을 하버마스는 자신의 방식으로 인식했다. 가다머와의 서사적인episch 논쟁 이후 하버마스는 점점 더 이데올로기 비판의 수사학과 사회적 질서로 확장된 정신분석학의 이념을

---

* 원문은 다음과 같다. "der er niemals sein wollte noch zu sein vorgegeben hat."

거부하고, 그의 역량들을 의사소통적 행위의 이론 작업에 바쳤다. 이 작업의 중심적인 부분은 주목할 만한 담론윤리*를 형성한다. 이 담론윤리는 자기 자신을 넘어서는 언어 능력을 근거로 삼는다. 그럼에도 이때 가다머의 이념에서 기인한 근원적인 해석학적 통찰이 중요하다. 이 이념에 따르면 언어는 소통Verständigung을 지향한다. 그러나 담화 상대자의 입장에서 나아간 특정한 윤리적 참여 없이는 소통 지향에 대해 사고할 수 없다고 하버마스는 정확하게 짚는다. 실제적으로 상호성Gegenseitigkeit과 진정성Autenzitität의 특정한 이상理想, 최선의 논증의 힘에 굴복하는 의지가 전제된다. 우리는 후기의 하버마스가 가다머에게 다가갔다고 말할 수 있다. 그는 더 이상 이 규범들의 근거를 "[가다머가 제시하는] 그러한 것으로서 전통의 연관을 넘어서는" 이데올로기 비판이 아니라, 언어의 화용론적 전제들에서 찾으려 시도한다.

---

*   담론윤리는 흔히 '토의윤리' 또는 '의사소통윤리'라고도 한다. 담론윤리는 폭력으로부터 자유로운 방식으로 보편적이고 기본적인 합의를 형성하려 하며, 도덕적인 충돌을 그러한 방식으로 해결하는 데 초점이 맞추어진 윤리학이다.

7장

리쾨르:
해석들의 갈등에 직면해 제시된
역사적인 자기의 해석학

1. 우회로를 통한 여정

가다머와 하버마스에 이어 폴 리쾨르의 업적에 대해 말하는 것은 전혀 부당하지 않다. 다만 리쾨르가 기여한 많은 해석학적 업적들 중 하나가 가다머와 하버마스의 입장을 매개하는 것에서 성립하는 까닭에 이렇게 결정했다(Ricœur, 1986).[1] 그러나 리쾨르는 해석학과 이데올로기 비판 사이의 갈등을 신뢰와 의혹 Vertrauen und Argwohn이라는 두 해석학 유형의 구별을 통해 연결한다. 이 유형들은 리쾨르가 가다머와 하버마스의 유명한 논쟁 이전에 이미 도입한 것이다. 리쾨르의 이념, 아마도 그의 해석학을 선도하는 토대적 이념은 두 가지 해석학 유형을 함께 사고해야 한다는 것이다. 먼저 의미가 자신의 안내를 필요로 하는 의식에게 나타내듯이 의미를 전유하는 해석학만 요청되는 것이 아니

---

1 P. Ricœur, *Vom Text zur Person: hermeneutische Aufsätze* (1970-1999), Hamburg, 2005.

라, 의미경험Sinneserfahrung을 더 비밀스러운 질서로 환원시키기 위해 직접적인 의미경험에 거리를 두는 해석학도 요청된다.

리쾨르는 가다머와 (서로) 확연히 구별되는 발전과정을 거치며 이러한 이념에 도달했다. 그는 원래 가다머 해석학으로부터 완전히 독립적이었다.[2] 그의 기초는 (가다머의《진리와 방법》출간 이전인) 1950~1960년대에 발간된 작품들에 기록되어 있다. 이 작품들은《의지의 철학Die Philosophie des willens, La philosophie de la volonté》(1950, 1960),《해석에 관하여: 프로이트에 관한 시도Von der Interpretation: Ein Versuch über Freud, De l'interprétation》(1965),《해석의 갈등Der Konflikt der Interpretationen, Le conflit des interprétations》(1969)인데, 여기서는 가다머의 영향을 전혀 감지할 수 없다. 덧붙여, 리쾨르의 후기 작품에서도 가다머는 오히려 겸손하게 머물고 있다. 그럼에도 두 철학자는 슐라이어마허, 딜타이, 불트만, 하이데거의 전통에서 출발한다. 물론 두 철학자의 출발점은 다른 정도와 의도에서 형성된다. 가다머는 딜타이에 대해 비판적이며, 하이데거에 가깝다. 이는 그의 보편적인 해석학이 해석학의 방법적인 본보기까지 넘어서려 시도하기 때문이다. 리쾨르는 자신의 입장

---

2   이에 대해 J. Grondin, "De Gadamer à Ricœur. Peut-on parler d'une conception commune de l'herméneutique?", in G. Fiasse(Hg.), *Paul Ricœur: De l'homme faillible à l'homme capable*, Paris, 2008, S.37-62 참조.

에서 결코 해석학의 방법론적이며 인식론적인 문제제기와 작별하려 하지 않았다. 따라서 리쾨르가 딜타이에 가까이 있다고 말할 수도 있겠지만, 그렇다면 이는 단순화에 불과할 것이다.

리쾨르의 길은 실제로 훨씬 복잡하다. 그는 다른 원천으로 돌아가며, 가다머와 비교하면 해석학적 전통으로 덜 회귀하는 길을 선택한다. 그는 계속 발전했으며, 이 발전은 거의 60년(1947~2004년)에 걸쳐 펼쳐지는 여러 거창한 저술들의 과정에서 이루어졌다. 반면 가다머의 해석학은 완결된 하나의 저서에 응축되어 있으며, 이 저서는 체계적 이론을 제공한다. 이 저서는 전체로 볼 때 아마 리쾨르의 이론적인 기획들보다 더 많은 (베티, 하버마스, 아펠K. -O. Apel, 데리다 같은 저명한 저자들과의) 유익한 해석학적 논쟁을 야기했다. 리쾨르의 작품들은 인상적으로 내용이 풍부한 분과들의 다양성에 관심을 두었다. 그가 자신의 철학적 사유를 시작한 곳이자 하이데거보다는 마르셀G. Marcel과 야스퍼스K. Jaspers에 더 친근감을 느끼게 했던 실존철학, 역사의 인식이론, 성서해석학, 정신분석학, 언어이론, 행위이론, 시간의 현상학, 기억의 현상학, 인식함의 현상학, 서사이론, 윤리학 등이 그것이다. 모든 작품에서 그는 강력하고 역사적 생동감이 넘치는 묘사를 기획했는데, 이 묘사들은 조화를 추구하는 상이한 길을 시도하는 것이었다. 이는 그의 사고가 지닌 비밀스러운 헤겔적 특징이다. 그럼에도 그의 사고는 총괄적인 종합이라는 이념에 반대한다(《시간과 이야기Temps et récit》의 중요한 장 제목에는 삶의 비완결성과 인간적 유한성의 이름으로 "헤겔을 거부해야" 한다고 적혀 있다). 그의 해석학적 이해의 핵심을 드러내는 것이 종종 어렵게 보일 수 있다는 점은 이러한 풍부함이 불러오는 부정적 측면이다. 이러한 해석학적 사고의 유일한 문제는 그것의 통일성인데, 이는 사상의 범람을 고려할 때 오히려 상대적인 문제이다.

하지만 그의 사유세계에는 실제로 통일성이 존재한다. 리쾨르가 걸어간 여정을 촉발한 최초의 동인들로부터 나아가면 이 통일성을 인식할 수 있다. 이 동인들은 반성철학의 프랑스적 전통에서 발견할 수 있다. 이 전통은 라베송몰리앵F. Ravaisson-Mollien,* 라슐리에J. Lachelier, 베르그송H. Bergson으로 소급되며, 더 나아가 나베르J. Nabert, 마르셀 같은 리쾨르와 친밀한 저자들에까지 이른다. 반성철학은 소크라테스의 "너 자신을 인식하라"와 데

---

* 라베송몰리앵은 벨기에 나뮈르 출생의 프랑스 철학자다. 파리의 롤랑 대학에서 연구한 뒤 뮌헨에서 셸링에게 사사했다. 1838년 렌 대학의 교수와 1840~1860년 공공도서관 감독관을 지낸 후 고등교육 장학관이 되었고, 1870년부터는 루브르미술관에서 고대 부문의 보호관을 겸했다. 쿠쟁(V. Cousin) 일파의 절충주의와 실증주의를 비판하고, 프랑스에는 철학자 멘 드 비랑(Maine de Biran)에서 발단한 유심론의 정당한 흐름이 존재하고 있음을 주장했는데, 스스로 멘 드 비랑을 계승했고 아리스토텔레스, 셸링 등의 영향도 받았다.

카르트의 《성찰Meditationen》에서 자아Ego의 자기반성으로부터 나아간다. 이런 전통이 리쾨르를 매우 일찍이 (그의 경험에 대해 해명하려 시도하는 초월론적인 자아로부터 나아가는) 야스퍼스의 실존철학과 후설의 현상학으로 인도했다.

실존철학과 그 윤리적 문제제기의 철저화(내 자신을 어떻게 이해해야만 하는가?)에 사로잡혀 리쾨르는 《의지의 철학Philosophie des Willens, La philosophie de la volonté》(1950) 제1권에서 먼저 후설의 현상학적 탐구를 의지의 현상으로 확장하려 했다. 여기서 그는 해석학에 대해 이야기하지 않는다. 그러나 해석학은 아주 특별하게 '악의 상징론'에 바쳐진 이 책의 제2권 《유한성과 책임Endlichkeit und Schuld, Finitude et culpabilité》(1960)에 등장한다. 여기서 이른바 리쾨르의 '해석학적 전회' 혹은 그가 나중에 '해석학의 현상학으로의 이식移植, Verpflanzung'이라 명명했던 것이 이루어진다.

리쾨르의 근본 동기는 반성철학의 출발점이자 목표점인 자아das Ego가 자기고찰을 통해 자기 스스로를 직접 인식할 수 없다는 점이다. 오히려 자기란 악의 문제에 대해 어떤 의미를 쟁취하기 위해 노력하는, 커다란 상징들(아담과 이브, 욥Hiob, 오르페우스Orphik 등)의 해석이라는 간접적 길을 통해 인식될 수 있다는 것이다. 나중에 리쾨르가 자신의 "해석학에 대한 첫 번째 정의"라고 불렀던 것에 따르면 이는 "이미 명백히 그것의 입장에서 다의적

인 표현으로 이해된 상징들의 해독Entzifferung으로서 구상되었
다"(Ricœur, 1995, 31). 이러한 시각에서 해석은 "은폐된 의미를 가
시적 의미로 해독하는, 즉 단어적 의미에 포함된 의미차원을 전
개하는 것에서 성립하는 사고노력이다"(Ricœur, 1969, 16).

이는 하이데거나 가다머의 경우와 완전히 다르게 고안된 그
의 '해석학적 우회로'의 첫 번째 의의이다. 나베르(Ricœur, 2004,
142)*가 리쾨르에게 객관화를 넘어 해명되어야 하는 경험 측면
으로 돌아가는 우회로를 걷도록 영감을 주었다고 한다면, '해석
학' 개념은 딜타이와 불트만으로 소급된다. 그들에게 해석학은
문자적으로 확고히 표명된 삶의 표현을 둘러싼 해석이었다.

물론 리쾨르는 하이데거가 딜타이를 극복하려 했다는 것을
잘 알았다. 하지만 그 자신은 늘 하이데거 해석학의 '존재론화',

---

* "장 나베르(Jean Nabert)의 말에 따르자면, 반성은 우리 존재의 표시인 작품이
나 행위들을 비판함으로써 우리 존재를 소유하는 것일 수밖에 없다. 그러므
로 반성은 비판이다. 이때 비판이란 칸트처럼 앎과 의무를 자리매김한다는
뜻은 아니다. 삶이 담긴 문서를 풀어내는 작업을 거친다는 점에서 비판이다.
그처럼 문서를 풀어내는 작업을 거쳐서만 〈코기토〉를 포착할 수 있다는 점에
서 반성은 비판이다. 반성이란 존재하려는 우리의 욕망과 노력을 증언하는
작품들을 통해서 존재하려는 우리의 욕망과 노력을 잡아내는 것이다. ……
그러므로 반성은 두 겹의 문을 거쳐 이룩된다. 삶을 말하는 문서를 통해서만
실존이 확인된다는 것이 첫 번째 문이다. 의식은 먼저 허위의식이므로 늘 잘
못된 이해를 바로잡는 비판을 통해 이해를 이룩해야 한다는 것이 두 번째 문
이다"(폴 리쾨르, 《해석의 갈등》, 양명수 옮김, 아카넷, 2001, 22-23쪽).

즉 실존의 근원적 실행과 해석학의 혼융에 저항하려 했다. 이러한 "존재론적인 격렬함Vehemenz"은, 그의 견해에 따르면 딜타이 해석학의 인식론적이며 궁극적으로 비판적인 방향설정을 놓치는 것이 되고 만다(Ricœur, 1986, 95에 대해 Ricœur, 2001, 140 참조).

2. 해석학적으로 변화된 현상학

리쾨르는 하이데거 해석학에 저항하지만, 그럼에도 현상학의 '해석학적 전회'라는 이념을 방어한다. 리쾨르에게 이 전회는 현상들과 자아Ego에 대한 직접적 접근이 불가능하다는 사실을 통해 정당화된다. 그의 시각에서 "해석학이 파괴한 것은 현상학이 아니라 현상학의 여러 해석들 중 하나의 해석, 즉 후설 자신의 관념론적인 해석이다"(Ricœur, 1986, 39).[*] 이때 해석학이 포기하는 것은 ① 연역적인 기하학의 이상理想에 따라 배열된 학문성을 지향하는 후설적인 이상, ② 현상들에 대한 접근에서 직관의 우위, ③ 스스로 내재적이며, 그것으로 투명한 의식의 데카르트적이고 후설적인 우위, ④ 의식에서 최종적 기초놓기Letztbegründung의 이념, ⑤ 후설 현상학의 한가운데서 자기반성을 여전히 지나치게

---

[*] 한국어판은《텍스트에서 행동으로》, 박병수·남기영 편역, 아카넷, 2002.

이론적으로 해석하는 것이다. 직접적인 자기책임의 행위로서 주체가 의식됨으로써 윤리적 결과들을 초래한다. 이것을 리쾨르는 그의 여정이 진행되는 과정에서 계속 심화시킨다.

이러한 비판의 배경 아래 리쾨르는 자신의 입장에서 강조된 **해석학적** 현상학의 길을 택한다. 이 현상학은 객관화의 길을 자기 인식에서 불가피한 우회로로 인정한다. 우리는 해석학이 여기서 현상학을 더 상세히 규정하는 데 도움이 된다는 점에 유의해야 한다. 이는 가다머의 경우와 거의 정반대인데, 가다머는 자신의 입장에서 현상학적 해석학을 제안했다. 이 해석학은 이해를 방법적인 '강박관념'에서 해방시켜 이해의 현상으로 되돌아가는 해석학이다. 따라서 우리는 리쾨르에서 현상학의 해석학적 전회, 그리고 가다머에서 해석학의 현상학적 전회에 대해 말할 수 있다(Grondin, 2003a, 84-102).

리쾨르가 현상학의 해석학적 전회를 주장한다 하더라도, 그의 입장에 의거해 우리는 해석학에 내재한 여전히 현상학적인 전제들을 망각해서는 안 된다. 첫 번째 전제는 "어떤 존재자이든 존재자에 대한 모든 질문은 이 존재자의 **의미**에 대한 질문이다"라는 점이다. 그러나 이 의미는 처음에 은폐되어 있고, 투명하지 않으며, 해석학적 노력을 통해 규명되어야만 한다. "따라서 의미의 선택Option은 모든 해석학의 가장 일반적인 전제가 된다." 물론 이것이 "초월적 주관성이 스스로 지향하는 이 의미에 대해 최고의 지배권이 있다는 뜻은 전혀 아니다. 이와 반대로 현상학은 반대 방향에서, 즉 자기의식보다는 의미가 우선한다는 주제[방향] 쪽에서 나올 수 있다"(Ricœur, 1986, 57). 리쾨르는 자기의식을 부차적으로 만든다는 점에서 가다머와 의견이 일치한다. 두 번째 전제는 해석학이 낯선 '거리'의 경험을 허용해야 한다는 점이다. 의식이 먼저 자신의 의미 귀속성Zugehörigkeit zum Sinn에 의해 특징지어진다면 이 의미는 거리를 유지할 수 있고, 해석될 수 있다. 세 번째 전제는 해석학이 (후설처럼) 의미와 사태들Sachen을 고려해 언어학적 질서의 파생된 위상을 인식한다는 데서 성립한다. 여기서 리쾨르는 가다머와 거리를 두는 듯 보인다. 그러나 이것이 완전히 올바르지는 않다. 가다머는 (하버마스와 함께 말하기 위해) 마찬가지로 언어에 본질적으로 속한 '통기성의 속성Porosität' 관념을 방어하기 때문이다. 이는 언어가 모든 것에 개방되어 있고, 자기 자신을 넘어 나아가는 능력을 보유하기 때문이다. 이로부터 리쾨르는 언어학적 질서가 자율적이지 않으며, 이 질서는 세계경험에 소급된다는 결론을 이끌어낸다. 그러나 우리는 이 경험을 의미객관화들Sinn-Objektierungen에 대한 해석에 몰두하는 해석학을 우회하는 길을 통해서만 획득한다.

3. 해석의 갈등들: 신뢰의 해석학과 의혹의 해석학

그러나 도대체 **어떻게** 우리는 의미의 객관화들을 해석해야만 하는가? 어떤 측면에서 이는 고전적 해석학의 물음이었고, 또한 리쾨르의 물음이기도 했다. 우리는 그것이 생겨나듯이 의미의 직접성을, 예를 들면 의미의 지향을 심화시키고 그 의미의 안내를 따르기를 추구하는 성서해석의 모델에 따라 되는 대로 내버려둘 수 있는가? 이런 의미에서 리쾨르는 그의 《악의 상징(론) Symbolique du mal》(1960)에서 "생각할 거리를 제공하는" 객관화를 통한 해석학의 우회로에 대해 말했다. 그러나 의미에 대한 이러한 신뢰는 충분한가? 이러한 질문이 그토록 날카롭게 제기된다면, 문제의 핵심은 리쾨르가 이 저술을 마무리한 다음 자신이 다른 해석전략들과 대결한다고 인식한 데 놓여 있다. 이 전략들은 오히려 '환원주의적'이며, 바로 의미의 이러한 소박한 재구성을 문제시하는 것이다. 그리하여 그는 언뜻 합치될 수 없는 두 가지 상이한 해석형식을 강조하기에 이른다.

① 첫 번째 형식은 신뢰의 해석학eine Hermeneutik des Vertrauens 혹은 '의미축적Sinn-Sammlung'을 따른다. 이 형식은, 그것이 이해력 Verständnis에 제공되고 의식을 안내하듯이 의미를 가정한다. 이것은 그 안에서 더 심오한 진리가 드러나는 어떤 의미이다. 이 진리

의 파급 효과가 의미를 '확장시키는erweiternde, amplifiante' 어떤 해석학에 의해 공표되어야만 한다. 리쾨르는 여기서 의미의 목적론Teleologie에 대해 말한다. 표본이 성서해석학과 의식의 현상학인 이러한 해석학은 온전히 딜타이적인 의미에서 의미이해에 몰두한다. 이 해석학은 의미가능성들과, 표현들의 배후에서 이해되는 추체험이 가능한 체험에게dem nachzuerlebenden Erlebnis 열린다.

② 신뢰의 해석학에 대항해 의혹의 해석학eine Hermeneutik des Misstrauens이 존립한다. 이는 스스로 제시된 것과 같은 의미에 직면해 경계하는 해석학이다. 이러한 의미가 의식을 오도할 수 있기 때문이다. 진리로 드러나는 것은 유용한 오류, 거짓말, 훼손 이외의 다른 것이 아니다. 의혹의 해석학은 자신의 비밀스러운 고고학을 재구성하려고 시도한다. 이 고고학은 하나의 이데올로기적 고고학, 사회적 고고학, 본능의 고고학, 구조 고고학일 수 있다. 포이에르바하, 마르크스, 니체, 프로이트, 그리고 구조주의와 같은 '의혹의 대가'들이 그런 해석학을 변호한다. 환원주의적으로 궁리된 해석은 확장된 목적론적 신뢰의 해석학에 응수하는데, 이해가 아니라 의식 현상을 규명할 것을 약속한다. 이 현상들은 비밀스럽고 배제된geheime und verdrängte 경제학에 환원된다. 이 경제학은 흔히 자연과학의 설명모델로부터 영향을 받는다.

리쾨르가 자신의 뿌리를 프랑스 반성철학과 실존주의에 두기 때문에 우리는 그가 현상학과 신뢰의 해석학에 더 가까운 것으로 추정할 수 있다. 그러나 완전히 그렇지는 않다. 1960년대 저서들에서 그는 실제로 의혹의 대가들에게 특히 몰두하고 있다. 특히 《해석에 관하여De l'interprétation》(1965)에서 프로이트와 《해석의 갈등Le conflit des interprétations》(1969)에서 구조주의가 그 대상이다. 여기서 리쾨르는 환원주의적 의혹의 해석학에 대해 아무것도 부정하지 않는 특별한 화해적 방책Vorgehen을 권유한다. 그를 선도하는 이념은, 사람들이 소박한 의식의 환상을 파괴하려한다면 의혹의 학파로 가야 한다는 것이다. 이 파괴는 의식에 대해 치료적인 것으로 드러난다. 그 경우에 스스로를 더 잘 이해할 수 있게 되기 때문이다. 자아가 의혹의 해석학에서 사라진다면, 단지 그렇게만 스스로를 더 명백히 재발견하고자 그의 환상들로부터 벗어난다.

이와 같은 방식으로 리쾨르는 해석의 두 가지 커다란 행동방식에 동일한 권리를 인정함으로써, 해석이 중요하게 여겨지는 **객관화**와 **의미구성**에 대해 자신이 날카로운 감각을 유지하고 있음을 증명한다. 이는 그가 모든 것을 존재론적 이해 해석학에 예속시키는 하이데거의 시도뿐 아니라(Ricœur, 1986, 33), 방법적인 거리두기의 우위를 문제시하는 가다머의 시도에도 저항하는 것으로 귀결된다. 가다머에게 이해는 먼저 해명되어야 할 객관화(혹은 기호)에 마주해 존재할 수 있는 것이 아니다. 오히려 이해는 의미와 언어의 도움으로 접근할 수 있는 사태가 말을 걸어오도록 하는 것이다. 이는 사람들이 객관화 혹은 기호와 관련 있다는 것을 완전히 망각한다고 하더라도 이루어진다. 언젠가 가다머가 대화 형식의 맥락에서 말했던 것처럼, "이해는 완전히 해석할 수 없음 Nichtauslegenkönnen이다."[3] 이는 우리가 그렇게 의미에 포박되어 있으며, 무엇이 어떻게 누군가에게 생겨나는지 제대로 설명할 수 없음을 의미한다. 그 때문에 가다머는 의미와 이해하는 사람 사이의 혼융에 대해 말한다. 그의 해석학은 이러한 이해사건을 철학적으로 정당화하기 위해 노력한다. 리쾨르는 자신의 입장에서 이러한 혼융을 불신하며, 해석의 과제를 두말없이 객관화로서 맞세운다. 이를 해명하려 할 때 정신분석과 구조주의의 객관화하는 행동방식이 불가피하다고 한다. 그러나 이 방식들은 최종적인 표현을 가질 수 없다고 말하는데, 스스로를 더 잘 이해하려고 시도하는 의식이기 때문이다. 당시 리쾨르가 추구한 위대한 모토에 따르면 "더 설명한다는 것은 더 잘 이해하는 것이다."

---

3   J. Grondin, *Einführung zu Gadamer*, Tübingen, 2000, S.25에서 재인용.

4. 텍스트 이념Textidee 지도Leitfaden에서의 설명과 이해의 새로운 해석학

그로써 리쾨르는 딜타이에 의해 주어진 자연과학의 설명과 정신과학의 이해라는 구별을 개선한다. 그러나 리쾨르에게는 두 학문 유형 사이의 방법론적 구별보다는 그가 발전적으로 '해석의 해석학적 아치Bogen'로 묘사하는 것의 서로 보완적인 두 작업 Operationen이 더 중요하다. 이것은 해석학의 노력을 형성하는 얽힌 과정들의 전체성이다. 비판적 의식에서는 그가 이해하고 즉각 자신의 것으로 만드는 의미의 직접적 명백성에 대해 신뢰하지 말아야 한다. 즉, 의식의 환상을 폭로하는 설명이라는 정화의 reinigenden 우회로를 통해 이러한 의미와 소원하게 될 수 있다는 것을 받아들여야 한다.

그러므로 리쾨르가 하버마스를 거리두기의 해석학에, 가다머를 (전통에의) 귀속성의 해석학에 결합시키려 했다는 것이 어렵지 않게 이해된다. 이러한 새로운 이름 붙이기Bezeicnung 아래에서 사람들은 쉽게 의혹의 해석학과 신뢰의 해석학을 인식한다. 가다머가 전통을 통해 매개된 의미에 이해가 귀속된다는 사실을 강조한다면, 이데올로기 비판은 이러한 통찰을 은폐할 수도 있는 이데올로기화에 대해 경고한다. 그러므로 리쾨르에 따르면 해석학적이며 반성적인 의식은 몰수Enteignung의 해석학이 제시하는 각성적 학설을 부인하기 어렵다. 자신의 환상에서 벗어난 어떤 의식이 자기 자신에게 순응하는 능력이 더 낮지 않은가?

설명과 이해의 이러한 변증법을 심화하는 과정에서 1970년대 초반에 새로운 주제가 리쾨르의 학문적 여정에 생겨나는데, 이 주제는 텍스트 개념과 결합시킬 수 있다. 이는 그가 처음 설정한 해석학 구상을 확장시켰다. 이것은 더 이상 양의적인 상징의 해독에만 몰두하지 않는다. 이 해석학은 이해되고 '텍스트'라 부를 수 있는 모든 의미의 전체성과 관련이 있다(Ricœur, 1986, 137-159).[4] 그러나 텍스트를 어떻게 해석해야 할까? 여기서 리쾨르는 구조주의와 기호론적 발상들(특히 그레마스[*]로부터)의 영향을 강

4　덧붙이자면, 이 텍스트는 가다머의 70세 생일을 기리는 기념집(*Hermeneutuk und Dialektik*, Tübingen, 1970)에서 처음 등장했다. 두 해석학자 사이에 대화가 가능하도록 만들 수도 있었는데, 제대로 성사되지 못했다는 것이 유감스럽게 생각될 수 있다. 그렇게 발상들과 출발점들이 달랐다.

*　파리 기호학파의 창시자 그레마스(A. J. Greimas, 1917~1992)는 기호학계와 언어학계에서 중요한 저작으로 평가받는《구조의미론(Structural Semantics)》을 1966년에 출간했다. 1960년대 말에 발표한 논문 〈기호학적 제약의 놀이들 (Les jeux des contraintes sémiotiques)〉에 등장하는 용어 '기호학적 사각형'이란, 대수적(代數的)인 기호를 처음으로 사용함으로써 참된 의미의 기호학적 '모델'을 제안한 것이다.

하게 받는다. 이들은 텍스트를 고유한 기본체계Bezugssystem와 함께 그 자체로 폐쇄된 통일체로 파악한다. 리쾨르의 시각에 따르면 이러한 해석들을 함께 연관시키는 것Miteinbeziehung은 해석의 아치Bogen에서 해석학의 첫 번째 단계이자 필수적인 단계를 나타낸다. "해석학의 새로운 시대는 구조주의적 분석을 통해 열린다. 이제 설명은 이해로 가는 의무의 길이다"(Ricœur, 1986, 110).[5] 그러나 구조분석은 최종적 표현을 지닐 수 없다. 한 텍스트의 세계는 결코 그 자체로 폐쇄되어 있지 않으며, 의식이 거주할 수 있도록 만드는 어떤 세계를 개방하기 때문이다. 게다가 텍스트 개념은 자기 자신으로부터 벗어나 읽기의 행위를 참조하도록 지시한다. 이 행위에서 독자는 텍스트의 세계를 자신의 소유로 만들며, 그를 통해 저자가 스스로를 더 잘 이해하게끔 허락한다. 의미를 확장하려는 해석학은, 따라서 읽기의 행위에서 실행된다. "한 텍스트의 해석은 어떤 주체의 자기 해석에서 완결되는데, 이 주체는 그로부터 자기를 더 잘 이해하고, 다르게 이해하거나, 또한 자기를 이해하고자 스스로 시작한다"(Ricœur, 1986, 152). 결론적으로 해석학의 중심 과제는 이중적인 것이 된다. "텍스트의 내적 활

---

5 이로부터 우리는 가다머와의 대화가 왜 그토록 어려웠는지 이해할 수 있다. 가다머는 스스로 구조주의적 해석들을, 적어도 데리다와 벌인 논쟁 이전까지는 거의 참조하지 않았다.

력Dynamik을 재구성하고 [그리고] 외부를 향해 투사하는 작품의
능력을, 우리가 거주할 수도 있는 세계의 표상 속에서 다시 만들
어내는 것이다"(Ricœur, 1986, 32). 텍스트의 세계를 전개하는, 거
리두기하는 설명과 이해의 이러한 변증법은 넓게 파악된 해석학
개념으로 인도한다.

> 새로운 변증법은, 그 안에서 20세기 초 딜타이가 날카로운 대립
> 을 파악했던, 두 과정들(설명과 이해)을 서로 마주하게 한다. 이제
> 이러한 갈등상황을 주제로 삼는 것이 나의 이전 해석학 개념을
> 새롭게 형성하도록 인도한다. 이전의 해석학 개념은 그때까지
> 다의적인 표현으로 이해된 상징개념과 결합되었으며, 그리고 환
> 원적 해석과 확장적 해석 사이의 경쟁적인 논쟁에서 자신의 갈
> 등이 지닌 잠재력을 발견했다. 텍스트 차원에서 전개되는 설명
> 과 이해의 변증법은 여기서 명제Satz보다 더 큰 통일성이 관건이
> 되는 한, 해석의 가장 급박한 주제가 되었으며, 그로부터 해석학
> 의 대상과 요구를 형성했다(Ricœur, 1995, 49).

그리하여 리쾨르는《텍스트에서 행동으로Du texte à l'áction》에
서 다음과 같은 해석학 정의를 자신의 것으로 만든다. 해석학은
"텍스트 해석과의 연관에서 파악되는 이해과정들에 대한 이

론"(Ricœur, 1986, 75)*이다. 이때 리쾨르가 항상 더 강하게 열광하는 것은 '텍스트'라는 개념을 대변하는 거의 무제한적인 확장이다. 이해할 수 있는 모든 것은 텍스트로 간주될 수 있다. 문건들뿐 아니라 개인적인 것부터 집단적인 것에 이르기까지 인간적 역사와 행위도 텍스트이다. 이는 텍스트처럼 읽힌다는 정도에서 이해할 수 있는 것들이다.[6] 그로부터 추론되는 이념은 인간적 현실에 대한 이해가 텍스트들과 이야기들을 통한 우회로 위에서 성장한다는 사실이다. 말하자면, 인간의 정체성은 본질적으로 **서사적** 정체성으로서 이해되어야 한다. 1980년대에 전개된 **이야기**récit, Erzählung 이론은 '나는 누구인가'라는 모든 반성적 철학의 선도적인 물음에 새로운 대답을 가능하도록 만들었다.

5. 역사의식의 해석학

의혹(불신)Argwohn과 소외의 해석학으로부터 야기되는 자아는 매우 분명하게 단절된 **인식주체**gebrochenes cogito라고 리쾨르는 종종 이야기한다. 이 자아는 자기투명성이라는 이상理想을 거부해야

---

* 한국어판에는 "텍스트 해석과의 관계 속에서 이루어지는 이해의 조작이론이다"라고 번역되었다(폴 리쾨르,《텍스트에서 행동으로》, 81쪽).

6 블루멘베르크(H. Blumenberg)의 상론(*Die Lesbarkeit der Welt*, FfM, 1981)을 참조.

한다. 그러나 자아는 여기서 (시간성에 대한 인류의 근본 경험이 형태화되는 인류의 역사를 통해 매개된) 의미객관화들, 즉 위대한 문학적·철학적·종교적 '텍스트들'에서 출발해 새롭게 이해하는 것이 불가피하다. 《시간과 이야기》에서 리쾨르는 새로운 해석학의 견해를 소개했다. 이 견해는 텍스트 개념(그리고 삶의 개념)[7]이 그의 설명과 이해의 해석학에서 경험한 확장을 강화한다. 그러나 이 견해는 우리의 본질적인 시간성의 현상학에 다시 연결된다. 자기das Selbst는 자신의 철저하고 극복할 수 없는 시간 경험에서 단지 서사적 형태를 매개로 의미를 얻어낼 수 있다. 스스로를 그러한 것으로 인식하는 '단절된 자아'는, 그럼에도 이때 자신의 고유한 세계를 형태화하는 겸손하지만 실제적인 '능력들'을 발견한다. 리쾨르의 서사적 해석학은 두 관점을 대담하게 구분한다. 결코 자기 자신에 대한 포괄적인 이해에 도달하지 못하는 인간 존재의 비극적 성격뿐만 아니라, 이 아포리아에 대한 인간의 권

---

7 또한 리쾨르는 자신의 후기 미학에서 예술작품의 수집하는 '읽기'로부터 의미의 구체화를 조망하는 가다머를 통해 부응하는 측면을 발견한다. 이에 대해 H.-G. Gadamer, "Hören-Sehen-Lesen"(1984)과 "Lesen ist wie Übersetzen", Gesammelte Werke, Band 8: Ästhetik und Poetik 1: Kunst als Aussage, Tübingen 1993, S.271-285 참조. 리쾨르뿐만 아니라 가다머도 여기서 야우스(Hans Robert Jauß)와, 여기서는 특히 이저(Wolfgang Iser)의 수용미학의 영향 아래 놓여 있다(Der Akt des Lesens, München 1976). 그녀는 적용을 둘러싼 가다머의 복권으로부터 제일 먼저 영감을 얻었다.

한 있는 대답, 즉 모든 것에도 불구하고 주어지는 자기 발의發議의 지분Eigeninitiativanteil이 그것이다. 그는 인간으로서, 능력 있는 동물homo capable로서 무엇인가를 '할 수' 있기 때문이다.

《시간과 이야기》의 마지막 권은 이 두 계기들이 역사의식의 해석학에서 서로 융합된다는 것을 보여준다. 그 공식은 가다머와 그의 영향사적 의식의 해석학이라는 이념을 철저히 상기시킨다. 여기서 리쾨르는 가다머가 영향사l'être-affecté-par-le-passé를 통해 철저한 규정을 실행한 공로를 올바르게 인정한다. "우리는 역사의 능동적 주체이자 그만큼 또 희생자이다." 왜냐하면 "우리는 결코 역사의 영점零點이 아니라 항상 먼저 상속자의 역할로 존재한다." 이 상태는 가다머에서처럼 우리의 언어성과 연관되어 있다. "언어는 오래전부터 각자에 앞서 이미 있어온 거대한 제도, 제도들의 제도이다." 우리는 말하는 존재이기 때문에 구조에 관한 단초들이 요구하는 언어의 체계뿐만 아니라 "이미 언급된, 들었던, 수용된 사물들에 종속된다." 우리가 지각하는 것처럼 세계는 궁극적으로 언어에서, 그리고 먼저 수용된, 역사적으로 생성되고 서사적으로 형태화된 정체성을 통해 표현되는 세계이다. 그런 연유로 이제 리쾨르는 다음과 같이 말한다. "전달된 내용들을 고려하면 거리두기와 자유는 최초의 태도일 수 없다"(Ricœur, 1985, 313, 320, 321, 324).* 여기서 그는 자신의 작품 어디에서보다 더 강력히 가다머에게 다가선다.

그러나 여기서 리쾨르는 다시 한번 방법적이며, 객관화하는 거리Distanz를 그 한계들을 통해 규명하기보다는 역사의식의 해석학으로 수용하는 방향에서 더욱 배려한다. 마찬가지로 이해는 항상 과거와 현재의 혼융의 성과라는 이념을 언급하기 때문에, 그에 따르면 가다머 스스로 적용의 개념과 이러한 동화의 필연성을 인식했을 수도 있다고 한다. 현재는 이해의 전통 사건에서 자신의 것을 말해야 한다. 하지만 그렇다 하더라도 현재의 대답은 근원적인 소속의 배경 앞에서 드러날 수도 있다. 그로부터 리쾨르는 해석학과 이데올로기 비판을 분리한 논쟁을 "유감스럽다"(Ricœur, 1985, 314)라고 설명한다(아울러 리쾨르는 1973년에 해석학과 이데올로기 비판 사이의 한 본질에 상응하는 변증법을 말했을 때 판단했던 것에 살짝 변화를 준다). 가다머와 하버마스의 입장은 더 자세히 말하자면 두 개의 상이한 관점에 근거를 둔다. 한 사람에게는 일차적으로 전통을 통해 전승된 텍스트의 혁신된 해석이 관건이라면, 다른 사람에게는 왜곡된 의사소통의 이데올로기적 형식들에 대한 비판이 관건이다. 결론적으로 우리는 가다머가 선입견이라고 부르는 것을, 유익한 선입견의 의미에서 하버마스

---

* 한국어판은《시간과 이야기 3》, 김한식 옮김, 문학과 지성사, 2004.

가 관심 있는 이데올로기적인 현상, 즉 의사소통의 왜곡과 더 이상 동일한 차원에 세울 수 없을 것이다.

그러나 리쾨르는 자신의 고유한 지평을 연다. 우리가 전통의 상속자인 만큼 우리가 역사로부터 물려받는 서사적인 정체성은 결코 한꺼번에 확립되거나 종결된 것이 아니다. 이 정체성은 또한 거기에 기여할 수 있는 응답에 달려 있다. 여기서 강조는 응답하는 능력과, 그것을 특징짓는 **행동주도력**Initiative*에 놓여 있다. 이때 사유되는 것은 응답하기를 요구받는 '능력 있는' 인간의 윤리적 차원이다. 거기에 리쾨르가 전개하는 해석학적 숙고의 최종적 중심점이 놓여야 할 것이다. 반성철학의 출발 물음으로서 '나는 누구인가'는, 윤리적인 물음보다 더 적지 않은 해석학적 물음인 '나는 무엇을 할 수 있는가'에 자리를 비켜주게 된다.

6. '능력 있는' 인간l'homme capable의 해석학적 현상학

역사의 상속자로서 우리는 단지 수동적인 존재에 불과한 것이 아니다. 우리에게 어떤 행동주도력들의 활동공간Initiativen-Spielraum은 보장되어 있다. 따라서 역사의식의 해석학은 통찰력

---

* 폴 리쾨르,《시간과 이야기 3》, 442쪽 참조.

있는 인간의 능력들에 관한 현상학으로 수렴해야 한다. 능력 있는 자기에 대한 이러한 해석학을 전개시킴으로써 후기 리쾨르는 다시금 그의 '초기 숙고'의 하나로 불렸던 것과 결합한다.

> 자기인식의 자기das Selbst der Selbsterkenntnis란 이기적이고 나르시스적인 자아, 의혹의 해석학자들이 그 단순성과 위선, 유아적이고 신경증적인 시원성과 이념적 상부구조적 특성을 비난했던 자아가 아니라는 생각을 확인시켜준다.《변론Apologie》에 나오는 소크라테스의 말을 빌리면, 자기인식의 자기는 돌이켜 살펴본 삶의 열매이다. 그런데 돌이켜 살펴본 삶은 상당 부분이 우리 문화에 의해 전승되는 역사적이거나 허구적인 이야기들의 카타르시스 효과로 정화되고 정제된 삶이다. 이처럼 자기성이란 스스로에게 적용시키고 문화의 성과들을 통해 가르침을 받은 자기의 것이다 (Ricœur, 1985, 356).

결국 서사적 정체성은 그때마다의 공동체와 개인들에 부응해 다른 것이 된다. 두 경우에 자기는 어느 정도에서 그의 서사적 정체성을 새롭게 형성할 수 있다. 리쾨르가 타계하기 1년 전에 발행된《인정의 길: 인식함, 재인식함, 인정됨Parcours de la reconnaissance》에서 그 근본 특징을 총괄했던 '능력 있는' 인간에 대한 현상학에서 그는 프랑스어로 '나는 할 수 있다'(Ricœur, 2004, 137-163)의 언어 사용으로부터 나아간다. "나는 말할 수 있으며, 나는 행위할 수 있으며, 나는 이야기할 수 있으며, 나는 나의 행위에 대해 책임을 질 수 있으며, 나는 내 행위들을 내가 참된 장본인인 것처럼, 나에게 귀속시킬 수 있다." 이 네 가지 사용가능성들은 각각 언어철학, 행위철학, 이야기(서사)이론, 도덕철학으로 인도한다.

그러나 리쾨르에게 철학적 기획의 주요 목표는 '자기의 해석학Hermeneutik des Selbst'에 머문다(Ricœur, 1990, 345; Ricœur, 2004, 137). 이 공식은 사실상 현사실성의 해석학이라는 하이데거의 이념을 회상시킨다. 여기서 해석학은 리쾨르가 제시한 두 가지 최초의 해석학 견해를 따르듯, 상징과 텍스트가 아니라 직접적으로 자기에 관계한다. 여기서 해석학은 '기초존재론'의 형식을 전제한다. 이 존재론은 고전적 철학에서의 실체 개념의 지배에 대항해 행위, 가능성, 수완과 능력의 개념들에 우선권을 부여한다(Ricœur, 2000, 639). 이때 리쾨르에게 중요한 것은 인간의 **지향성격**Strebenscharakter, effort d'êtr을 인정하는 것이다. 여기에 대략 **아페티투스**appetitus와 **코나투스**conatus 개념에 근거하는 스피노자B. Spinoza와 라이프니츠G. Leibniz의 존재론이 근접한다.[8] 여기서 리쾨르는 여

8　스피노자의 《에티카》에 나오는 정리 1~9의 논증에서 모든 유한한 존재자 또

전히 자신의 최초의 해석학적 논쟁을 각인시키는 하이데거의 '존재론적' 격렬함Vehemenz에 대해 이전에 행한 비판을 약간 완화하는 듯 보인다. 이는 그 자신이 가능성과 코나투스의 형이상학을 추구하기 때문이다. 하이데거에게는 존재론이 출발점인 반면, 리쾨르에게 존재론은 목표점이다.

'능력 있는' 인간을 중심으로 논구되는 이러한 해석학적 존재론에서 리쾨르적인 사고 여정 전체의 **목적점**terminus ad quem이 파악될 수 있다. 하지만 동시에 '해석학을 통한 우회로'에 동인을 제공한 반성의 문제제기Reflexionsproblematik라는 회귀가 포착될 수도 있다. 이 자기의 해석학은 운 좋게도 가다머가 고집했던 **과거에 의해 규정된 존재**l'être-affecté-par-le-passé가 의식의 유일한 규정이 아니라는 사실을 상기시킨다. 가능성과 추구Streben, conatus의 존재인 인간은 그 행동주도력Initiative에 힘입어(이 표현은 명백히 무니에 Emmanuel Mounier*로부터 차용했다) 그의 세계를 새롭게 형성할 수 있다(그러나 또한 기억, 용서, 인정을 통해 그의 과거를 새롭게 형성할 수 있

는 독특한 실재들의 본질이 '코나투스(conatus)'로 정의되고(정리 7), 인간의 경우 '욕구(appetitus)' 또는 '욕망(cupiditas)'으로 정의된다(정리 9).

* 프랑스 철학자이자 가톨릭 계통의 사상가다. 1930년대부터 인격주의를 제창했으며, 제2차 세계대전 후 월간지《에스프리(Esprit)》를 통해 사상계에 영향을 미쳤다. 실존주의와 가까웠고, 신에게 직면한 인격을 이기적 개인에서 준별했으며, 사회적 도덕을 강조하고, 진보파 가톨릭의 추진력 역할을 했다.

다). 본질적인 학설을 의혹의 학파로부터 이끌어냈기 때문에, 이러한 해석학은 반성을 통해 한꺼번에 자기를 완전히 소유할 수 있다는 잘못된 현혹에서 벗어난다. 그러나 이러한 해체가 피할 수 없는 운명적 영향사의 견지에서 숙명론적인 체념으로 인도되어서는 안 될 것이다. 반대로 이 해체는 우리를 에워싸며 실제로 현전하는 악과 부정의를 고려할 때 '능력 있는 자기'의 윤리적 원천을 다시 발견할 수 있도록 우리를 돕는다.

이러한 자기 해석학의 윤리적 도달범위는 명백하다. 〈하나의 타자처럼 자기 자신Sich selbst wie einen anderen〉에서 리쾨르는 대담하게 '작은 윤리학'(Ricœur, 1990, 202)을 전개하는데, 이 윤리학은 기초적인 윤리적 긴장을 개념적으로 파악하려 시도한다. 이 윤리학은 "정의로운 제도들에서 다른 사람과 더불어, 그리고 다른 사람을 위해 선한 삶을 추구하는 것"으로 특징지어진다. 그러나 정의와 선한 삶의 의미는 하늘에서 떨어지지 않는다. 우리는 역사적 존재이기에 또한 기본적인 약속의 상속자이며(Ricœur, 2004, 197), 따라서 그 기억으로서 자기의 해석학이 이해되는 희망들의 상속자이다. 이런 방식으로 리쾨르는 윤리학 없는 해석학은 공허하고 해석학 없는 윤리학은 맹목임을 깨닫게 해준다.

8장

데리다, 가다머:
해석학과 해체(주의)

1. 데리다의 해체(주의), 해석학, 해석

나중에 유의미한 결말을 만들어낸 한스 게오르크 가다머와 자크 데리다J. Derrida의 만남은 1981년 4월 파리에서 이루어졌다. 여기 서 신뢰의 해석학과 의혹의 해석학 사이의 순수한 대결이 성사 되었다. 하지만 신뢰의 해석학과 의혹의 해석학이라는 두 해석 학이 흔히 마주쳐온 해석의 갈등들과는 다르게, 두 사상가는 공통 의 원천들이 있었다. 데리다도 가다머처럼《존재와 시간》에서의 하이데거의 '해석학적' 프로그램으로부터 출발한다. 그러나 데리 다는 이 프로그램에서 오히려 '해체적' 측면, 즉 서양 전통의 형이 상학적 전제들을 밝히려는 하이데거의 의도에 마음을 두었다.

데리다는 매우 독특하게 하이데거의 이념을 다시 수용한다. 이 이념에 따르면 유럽의 사고 혹은 '형이상학'은 현재Gegenwart로 서의 존재라는 하나의 규정에 각인되었다(Derrida, 1967a, 411). 형 이상학은 플라톤에서 헤겔과 니체에 이르기까지 존재를 총체화 해 해명하려고 노력하는 저자들에게 형성된 지배적인 사고를 말한다. 존재는 그것을 지배하려는 관점에 열리는 바로 그것이다. 이와 함께 지탄받는 것은 유럽 합리주의가 객관적으로 표현하려는 경향과 지배의지이다. 구조주의로부터 시작하면서 데리다는 이 직관을 기호를 파악하는 데 적용한다. 이것이 데리다로 하여금 '형이상학적'이라고 간주한 의의와 진리개념 자체를 문제시하는 방향으로 이끌었다. 소쉬르Ferdinand de Saussure의 언어학은 의의Bedeutung 개념을 **표시하는 것**signifiant(기표)과 **표시되는 것**signifié(기의)의 이중성을 토대로 이해한다. 표시하는 것(혹은 기호Zeichen, 기표Signifikant)은 그 경우 하나의 '표시된 현재'를 지시해야 한다. 이 현재는 그 입장에서 볼 때 사태 또는 **표시되는 것**(기의)에 의해 충족된다는 하나의 현전現前, Präsenz을 구현해야 한다. 표시된 것Signifikat만을 사고하려고 시도할 경우, 이것이 항상 기호 혹은 담화Rede 영역의 내부에서만 가능하다는 점을 금방 발견하게 된다고 한다. 그러므로 의의는 지속적으로 데리다가 **차연**différance이라 부르는 것의 놀이를 통해 '차별화된다'. 이것은 천재적인 전문용어인데, 그 아래 기호와 의의 사이의 이른바 '차이'뿐만 아니라 (데리다에 따르면 무한한) 그 실행의 연기Verschiebung가 이해되어야 한다. 이는 우리가 결코 최종적으로 기호의 세계로부터 벗어날 수 없기 때문이라고 한다.

그리하여 데리다는 이해의 언어적 구성에 결정적 역할을 승인하는데, 이것이 외견상 그를 가다머 가까이로 데려간다. 그러나 이때 데리다의 시각은 분명한 근접보다 거리에 더 무게가 실려 있다. 데리다는 실제로 가다머나, 심지어 하이데거보다 분명하게 더 구조주의적이라는 점이 입증된다. 그들에게 존재란 언어를 담화Rede로 가져가는 것인 반면, 데리다에게 존재는 단지 차연의 성과에 불과하다. 그의 견해에 따르면 존재는 그것을 표현하는 기호의 외부에서 다가가지 못하게 머물기 때문이다. 종종 인용되는 한 텍스트에서 그는 **텍스트 외부에** 아무것도 없다il n'y a pas de hors texte고 쓴다(Derrida, 1967b, 227). 여기서 우리는 이 해체가 자신의 입장에서 오로지 기호의 영역과 언어학적 대립들에 집중함으로써 현대 사고의 유명론의 지배를 받는 것은 아닌지 자문할 수 있다. 그래서 데리다 자신도 '현재의 형이상학 Metaphysik der Gegenwart'의 희생자가 되며, 당면한 경우에는 기호 자체의 형이상학의 희생자가 되고 말 것이다.[1]

---

1   여기서는 조금 망각된 1971년의 데리다와 리쾨르 사이의 논쟁적 대화를 기억할 필요가 있다. 이때 리쾨르는 데리다가 기호학의 차원에 고착되어 있다고 비판한다. "Philosophie et communication", *La communication. Actes du XVe Congrés de l'Association des Sociétés de langue française*, Montréal, éd. Montmorency, 1973, 393-431, insb. S.398. 그것은 이른바 1981년 이전의 해체주의와 해석학의 만남이었다. 이 만남이 아마도 데리다가 '해석학'과 거리를 두게끔 하는 데 영향을 끼친 듯하다.

그러므로 하이데거가 수행한 형이상학의 파괴는 데리다에게 사고 논리의 해체라는 형식을 가정하게 만든다. 이 논리는 우리가 기호들의 외부에서 의의의 실제적 현실이라는 이념을 신뢰하게끔 인도한다. 이 기호들은 자신의 표상을 신기루처럼 야기하지만, 데리다의 견해에 따르면 항상 자기 자신을 지시할 뿐이다. 하이데거에 의해 수행되는 해체적 기획의 이러한 철저화는, 데리다가 그 기획을 마주해 특정한 의혹을 제기하도록 강요한다. 이 기획은 그에게 의심스럽게 비친다. 이는 데리다가 이러한 기획이 이해 가능성과 해독에 정향된 어떤 암묵적인 형이상학적 방향설정을 지닌다고 가정하기 때문이다. 이 방향설정은 기호의 배후로 어떤 최종적 의미를 찾는다고 한다. 이는 데리다가 리쾨르와 의미회수Sinnrekuperation를 추구하는 그의 해석학도 보유한다고 가정하는 하나의 해석학 견해이다. 여기서 데리다에게 중요한 것은 형이상학적 환상만이 아니다. 그는 또한 이 환상에서의 지배의지를 끊임없이 공개적으로 지탄한다. 여기서 하이데거적인 해체는 레비나스E. Levinas에서의 '이해의지'에 대한 비판과 결합되어 진행된다. 이 의지는 타자들에게 폭력을 가한다고 한다. 이러한 의지가 타자에게 자신의 사고방향을 전적으로 강요하며 그를 점유하고자 하기 때문이다. 그러므로 데리다에게 중요한 것은 타자를 이해하는 것이 아니라, 오히려 아마도 형이상학을 특징짓는다고 하는 '이해의 광기Wut des Verstehens'를 중단하는 것이다.

그와 동시에 데리다는 관찰자들이 모면할 수 없는 방식으로 '범해석학적'이라 불리는 어떤 견해를 잘 방어한다. 이러한 견해가 담화의 외부에서 어떤 의미를 발견할 수 있다는 점을 부인하기 때문이다. 그럼에도 이 견해는 모든 존재관계를 해석들의 논리로 환원한다고 한다. 이러한 '언어의 보편성'에 직면해 데리다는 두 가지 가능한 전략들 또는 "해석, 구조, 기호, 논리의 두 가지 해석들"을 면밀히 구별한다.

① "하나는 놀이와 질서를 벗어나는 기원 또는 진리를 해독하고자 모색하는, 해독하고자 꿈꾸는, 해석의 필요성을 유배처럼 느끼는 해석이다." 여기서 데리다는 고전적인, 그의 눈에는 여전히 형이상학적인 해석학을 생각한다. 이 해석학은 헤치고 지나가려고 시도하지 않는다면 하나의 생동적인 현재처럼 사물들의 배후에서 기대되는 하나의 '의미'를 파악한다. 여기서 사람들은, 비록 이 구절의 맥락에서 언급되지 않더라도 하이데거, 리쾨르, 가다머 같은 저자들을 생각한다. 데리다는 그들에게 해석의 (하나의) **다른** 해석을 자랑스럽게 대립시킨다.

② "다른 하나의 해석은 더 이상 기원 쪽을 바라보지 않으면서 놀이를 긍정하고, 인간과 인본주의를 뛰어넘으려 시도한다. 인간의 이름은 형이상학 역사 또는 존재-신학적 역사를 통해, 다

시 말해 인간 역사 전체를 통해서 충실한 현전, 안정된 기반, 놀이의 기원과 종말을 몽상해온 바로 그 존재의 이름이기 때문이다."
데리다의 평가에 따르면, 하나의 완전하며 직접적인 현재라는 이념은 구조주의 이래로 더 이상 가능하지 않다. 그것은 이러한 "해석의 두 번째 해석"이 보유한 '슬픈' 측면이다. 그러나 이러한 해석은 또한 이것이 강요하는 어떤 진리의 이념을 부인한다는 점에서 해방적이며 진지함이 결여된 하나의 성향을 포함한다. 데리다는 이러한 '해석의 두 번째 해석'을 위해 "길을 연" 인물이 니체라는 사실을 가리킨다. 데리다는 이 해석에 대해 열광적인 연대를 표방한다.

> 부재한 기원의 상실되었거나 불가능한 현전을 향한 단절된 직접성의 이러한 구조주의적 주제는 결국 놀이의 사유의 슬프고, 부정적이며, 향수에 젖은, 죄스럽고 루소적인 면이거니와 이것의 또 다른 면이 바로 니체적인 긍정, 세계의 놀이와 미래의 결백에 대해 만족해할 수도 있는 긍정, 생성 의무 후의 긍정, 적극적인 해석에 제공된 오류도 진실도 원천도 없는 기호 세계의 긍정이리라(Derrida, 1967a, 427).*

---

* 자크 데리다,《글쓰기와 차이》, 남수인 옮김, 동문선, 2007, 495쪽 참조. '게임'

이미 1967년 데리다는 해석에 대한 이 두 가지 해석들이 결코 합치될 수 없음을 보여준다. 심지어 그것들의 비화해성을 강하게 만든다고 언급한다. 해석의 이러한 두 가지 해석들은 괴테문화원이 1981년 4월 파리에서 가다머와 데리다의 만남을 기획했을 때, 공개적인 토론에서 서로 충돌할 수밖에 없었다.

2. 파리에서 만난 데리다와 가다머

하이데거에서 출발하는 공통의 유래, 그들의 과학비판, 특별히 공통적이지만 또한 구별되는 강조점에서 '언어성의 보편성'에 대한 논제 등이 기억될 수 있는 것처럼, 그들의 수많은 공통적인 출발점에도 불구하고 1981년의 만남은 오히려 귀머거리 대화로의 계기를 제공했다는 점에서 실패작이었다[만남을 계기로 소개된 텍스트들은 부분적으로 *Revue internationale de philosophie*(RIP), no.151(1984)에 발표되었다. 더 완전한 자료는 모음집(hg. von D. Michelfelder und R. Palmer, *Dialogue and Deconstruction. The Gadamer-Derrida Encounter*, Albany, Suny Press, 1989)에서 찾을 수 있다. 또한 독일어로 된 모음집(hg. von P, Forget, *Text und Interpretation*, München, 1984)

은 모두 '놀이'로, 그리고 일부 내용을 수정해 표기했다.

도 참조. 데리다에 의해 소개된 텍스트는 단지 영어권 판본에서만 찾을 수 있다]. 그러나 정확히 이러한 특징에서 그것은 아마도 교훈적이며, 심지어 생산적이었다. 아무튼 그것은 세월이 지나면서 그 의의 정도가 여전히 증가한 하나의 사건이었다.

가다머는 먼저 '해석학적 도전'이라는 제목으로 강연을 했다(RIP에 실린 가다머의 텍스트는 8면에 지나지 않는다. 그런데 이 텍스트의 독일어판은 32면이다. "텍스트와 해석"이라는 제목으로 출간된 긴 번역본 텍스트는 *L'art de comprendre*, t.2, Aubier, 1991, 193-234와 *Gesammelte Werke*, Band 2, 330-361에 수록되어 있다). 이 강연에서 그는 가장 먼저 자신의 해석학적 사고의 저항을 야기했던 도전을, 그러나 또한 데리다와의 만남이 그에게 의미했던 도전을 암시했다. 데리다의 저서는 그 대략적인 경향들에서 가다머가 정통한 것이었던 반면 반대편, 즉 데리다는 그렇지 않았다. 가다머는 형이상학의 개념적 언어를 '해체하는' 것을 목표로 했던 데리다의 기획에서 어떤 특정한 정도까지 자신을 재인식할 수 있었다. 그러나 해석학의 대가는 그 아래에서 특히, 모든 진정한 언어의 출발점이 되는 '생동적인 대화'로부터 멀리 떨어진 사고의 고루한 어휘를 이해했다. 그에게 긍정적인 의미에서 '해체'는 공허하게 되어버린 하나의 개념을, 그 개념의 출발점이자 그 개념에 자신의 전체 의미를 부여하는 생동적인 언어로 다시 되돌리는 데서 성립한다. 그러므로 해체는 가다머에게 오로지 은폐와 공리공론이 되어버린 도식화의 철거로서 사유되었다[RIP, 1984, 336. 가다머는 후기 저작들에서 종종 데리다가 놓쳤다고 하는 하이데거적인 파괴Destruktion로 되돌아가곤 했다. 특히 〈파괴와 해체Destruktion und Dekonstruktion〉(Gadamer, 1996a), 마찬가지로 〈초기 낭만주의, 해석학, 해체주의〉와 〈해체와 해석학〉이 그러하다. 데리다가 민감하게 대한 것에서 알 수 있듯이, 아버지처럼 그리고 선생처럼 파괴의 의미를 가르치려 했던 가다머를 데리다는 분명 좋지 않게übel 받아들였다].²* 그러나 생동적 언

---

2 H.-G. Gadamer, *Gesammelte Werke*, Band 10, 1994, S.132. 〈파괴와 해체〉 (1985)는 *Gesammelte Werke*, Band 2, 1993, S.361-372에, 〈초기 낭만주의, 해석학, 해체주의〉(1987)와 〈해체와 해석학〉(1988)은 Gesammelte Werke, Band 10, S.125-147에 실려 있다.

* '해체(déconstruction)'라는 용어는 데리다가 하이데거의 'Destruktion'을 프랑스어로 번역해 자신의 개념으로 사용한 것이다. 하이데거가 서양 형이상학의 해체를 말한 것은 단순히 그것을 파괴해 없애버리려는 것이 아니라, 오히려 그 기원으로 거슬러 올라가 그 기본 개념들의 본래 의미를 회복하려 한 것이다. 따라서 데리다의 '해체'는 말 그대로의 해체는 아닌 것이다. 데리다는 기존의 형이상학적 대립 구도(음성언어와 문자언어, 현존과 부재 등)가 폭력적 위계질서, 즉 하나가 다른 하나를 지배하고 억압하는 질서라는 것을 밝힌다. 플라톤부터 루소와 레비스트로스에 이르기까지 형이상학의 역사에서는 문자기록을 폄하하고 음성이나 말을 중시하는 태도가 되풀이되어 왔다. 따라서 데리다가 보여주려 한 것은 진리 또는 로고스와의 관계에서 배제되고 억압된 문자기록이 사실은 로고스 자체를 성립하게 해주는 조건이라는 점이다. 즉, '말'보다는 이차적 표현으로 여겨온 '문자'가 오히려 근본적이라는 것이다. 그러나 데리다는 기존의 위계질서를 전복시켜 열등한 위치에 있던 것을 새로운

어로의 사고의 지속적 회귀는 확실히 그가 형이상학의 어떤 완결된 언어가 존재한다는 이념을 문제시하게끔 이끌었다.

　　나의 고유한 이념은 다음과 같은 것처럼 보인다. 사상가가 또한 언어의 최소한에서만im Geringsten der Sprache 사고에 몰두한다면, 그것은 실로 자신과 다르게 사고하는 다른 사상과의 대화를 수용한다는 의미이다. 이럴 경우 사고를 확정적으로 어떤 범위에서 규정할 수도 있다는 개념적 언어, 형이상학의 언어는 결코 존재하지 않는다(RIP, 1984, 334-335).

　가다머는 자신의 언어이해가 생동적인 대화의 경험과 자기초월로의 약속으로부터 야기되었다는 점을 기억함으로써 가장 좋은 의도에서, 그가 데리다와 수행할 수 있다고 믿었던 대화에 결합된 희망들을 불러일으킨다. 가다머는 자신의 사고 여정에서 결정적인 근본경험이었던 예술과 철학사의 경험으로부터 나아

지배항으로 구성하는 것은 여전히 기존 질서를 되풀이하고 재생산할 수 있음을 경고한다. 따라서 데리다가 말하는 '해체'란 문자기록을 음성에 비해 우월한 것으로 확립하거나, 표음문자에 대해 표의문자의 우위를 주장하는 것이 아니다. 기존의 위계 구조 자체를 해체해 기존의 문제 틀에서는 사고되고 실행될 수 없었던 새로운 개념을 창안하거나 그 가능 조건을 드러내려고 시도하는 것이다.

감으로써 대화의 이러한 해석학적 경험을 해명한다. 여기에서 해석자는 자신에게 말을 걸어오는 것과의 어떤 대화에서, 물론 그로부터 변화되어 태어나는 가운데 등장한다. 그러나 예술작품이 우리에게 말하는 것이 결코 개념적으로 완전히 해소될 수 없다는 사실은 부정되지 않는다. 의미-경험Sinn-Erfahrung의 불완전성은 인간적 유한성의 본질적인 부분이다. 그것으로 가다머는 분명 자신의 관점이 데리다의 생각, 즉 의의가 결코 완결되지 않는 어떤 영향사에서 전개되므로 그 폭은 결코 한 번에 만회되지 않는 의의가 계속 만들어내는 무한한 **차연**différance이라는 생각과 일치한다는 점을 강조하려 했다.

이러한 공동의 요소들에 대한 기억을 되살린 다음, 가다머는 왜 이 만남이 "프랑스적인 장면과 더불어" 그에게 하나의 도전인지 설명했다. 하이데거의 해체 이념을 수용한 데리다는 바로 하이데거가 이성중심주의Logozentrismus를 내세운다고 비난한다. 하이데거가 존재의 의미·의의·진리에 대한 물음을 꾸준히 제기하고, 아울러 존재의 의미와 진리를 어디에선가 찾을 수 있는 하나의 소여성으로 간주하기 때문이다. 이러한 점에서 데리다에게 니체는 그의 이념과 함께 더욱 근본적이다. 이 이념에 따라 해석은 어떤 의의의 발견이 아니라, 오히려 관점과 가면의 놀이에 대한 동의라고 한다. 이런 점에서 사람들은, 프랑스에서 가다머에 기대어 이루어지는 니체의 하이데거 독법(니체에 의거해 하이데거를 읽는 방식)을 비판하곤 한다. 니체는 존재를 가치로서 사유해 형이상학을 절정으로 이끌었던 인물이 아니라고 한다. 오히려 그는 해석들의 무한 놀이를 환영함으로써 하이데거보다 형이상학을 더 잘 극복할 수 있게 만든 인물이라는 것이다. 그러므로 가다머의 눈에는 하이데거와 니체 중 누가 더 근본적이었는지의 물음을 중심으로 논쟁이 전개되는 것으로 비쳤다. 만약 데리다가 옳다고 한다면, 가다머 자신은 "철학으로서의 해석학에 대해 내가 고유한 관심을 갖고 주제를 다루며 지속시킨 노력으로 말미암아 형이상학이라는 메마른 광야에서 길을 잃은 양"[3]이 되고 말 것이라 탄식한다.

이러한 물음에 대해 가다머는 파리에서 자신의 의도를 공개적으로 밝히고, 하이데거에 대한 연대를 선언했다. "하이데거는 실제로 니체를 능가한다." 가다머는 니체의 프랑스적 후예들이 니체 사고의 탐색적인 것과 미혹적인 것을 적절한 방식으로 평가하지 않았다고 비난한다. 하이데거적 존재의 경험이 "니체의 극단(과격)주의(Extremismus)보다 덜 근본적"(RIP, 1984, 338; Gadamer, 2005, 162, 178)[4]이라는 가정으로 이끌었다는 것이다. 가

---

3 Gadamer, *Gesammelte Werke*, Band 10, S.139.

다머가 보기에 이는 맞지 않는 이야기이다. 하이데거의 탁월함은 그가 니체의 가치 개념을 서양 형이상학의 연속성으로 환원시킬 수 있었다는 사실에 놓여 있다고 한다. 하이데거는 가치들에서의 이러한 형이상학적 사고(그리고 하나의 가치 전환을 증진하려는 사고의 아포리아)를 자신의 입장에서 (그리고 특히 예술작품의 진리사건에 대한 자신의 숙고들에서) 그것의 측정할 수 있는 표명으로 환원되지 않는, 존재의 경험을 발전시켜 극복했다고 한다. 따라서 존재는 결코 완전하게 몸을 맡기지 않는, 오히려 자기 비밀의 어떤 부분을 유보한다. 그러므로 하이데거는 측정할 수 있는 가치와 기술적인 유용성에 제한되지 않는 존재에 대해 반성함으로써 니체보다 더 멀리 나아갔다고 한다.

가다머는 자신이 이러한 직관을 갖게 된 배경에 대해 파리의 만남이라는 맥락에서 데리다적인 하나의 전환을 부여하기 위한 것이었다고 해명한다. "이런 방식으로 나는 항상 해석학적 의미-경험에 부과된 한계를 유념하고자 노력했다"(RIP, 1984, 338). 해석학은, 존재가 결코 하이데거와 데리다가 비판하는 그러한 이해, 즉 모든 것을 포괄하는 이해의 대상일 수도 없다는 점을 절대적으로 인정한다고 한다. 그 어떤 의미-해석에서도 한계를 인

---

4 〈초기 낭만주의, 해석학, 해체주의〉가 실려 있는 Ebd., S.138f. 참조.

정함으로써 해석학은 타자에게 개방하는 동시에, '이질성 Andersartigkeit의 가능성'으로 초대한다. "심지어 다른 어떤 사람이 응답하고자 단어를 골라잡기 전에 홀로 그의 현재를 통해서 우리 선입견의 협소함을 인식하고 그것을 깨뜨리도록 우리를 돕는다"(RIP, 1984, 340). 타자에 대한 이런 개방은 데리다와의 대화에 임하고 그로부터 배우려는 준비자세를 입증하는 듯 보인다.

1981년의 만남에서 놀라운 일은, 데리다에게 가다머의 태도와 비교할 수 있는, 준비자세를 암시하는 어떤 것도 나타나지 않았다는 점이었다. 가다머의 상술詳述에 이어, 데리다는 하이데거와 니체에서의 '서명Unterschrift'에 대한 그의 강연을 가다머와 연관 지을 수 있는 어떤 연결점도 제시하지 않고 진행했다. 그런 방식으로 강연을 진행하는 것에 대해 데리다를 비난할 것이라고 누구도 생각하지 않았을 것이다. 그러나 비대칭은 눈에 띄는 것이었으며, 더욱이 해석학의 대가가 연장자였던 만큼 회합의 진행자들에게는 다소 고통스러웠던 상황이었다는 점을 충분히 짐작할 수 있다. 그럼에도 하나의 대화와 같은 어떤 것을 가능하도록 하기 위해, 강연 다음 날 주최자들은 가다머에게 질문을 던지라고 데리다에게 요청했다. 데리다가 가다머에게 던진 세 가지 짧은, 그러나 아주 좋은 질문은 해석학과 해체주의 사이의 논쟁 전체를 고무했다. 데리다는 이른바 가다머의 근본이념을 공식적으로 확인했다. 이 이념에 따르면 근본적인 물음들을 제시할 수 있는지가 관건이 된다.

데리다의 첫 번째 질문은 가다머가 언급했던 선한 의지에의 호소와 관련된다. 이 질문이 얼핏 매우 낯설게 보인다면, 이 질문이 직접적으로 가다머 강연의 중점에 놓여 있지 않았기 때문이다. 데리다가 보기에 가다머는 진부한 이념을 강조하기 위해, 어떤 대화에 관여하는 사람들은 서로 이해하려 시도하며 개방의 최소치를 증명한다는 사실만을 끌어왔다. 그 안에서 가다머는 단지 건전한 인간 이해에서 명백한 것, 즉 하나의 명증성을 인식한다.

그러나 이제 데리다는 바로 이러한 명증성의 명증성die Evidenz dieser Evidenz을 문제시한다. "이러한 무조건적인 공리는 그럼에도 의지가 이러한 무조건성의 형식, 자신의 절대적인 뒷받침Rückhalt, 그리고 최종 심급에서im letzter Instanz 자신의 규정을 지속한다는 것을 전제하지 않는가?"(RIP, 1984, 342)[5]라고 데리다는 묻는다. 하이데거에 대한 지시는 이 질문에 충만한 파괴력을 제공했다.

---

5 J. Derrida, "Drei Fragaen an Hans-Georg Gadamer", in P. Forget(Hg.), *Text und Interpretation*, München, 1984, S.56-57.

최종 심급으로서 이러한 규정이 하이데거가 전적으로 올바르게 의지 혹은 의욕하는 주체성으로서 존재자의 자기규정이라고 부르는 것에 속하는 것은 아닌가? 그러한 표현방식은, 그것의 필연성에 이르기까지 흘러간 시기, 더 자세히 말하자면 의지의 형이상학의 시기에 속하는 것은 아닌가?

자신의 두 번째 질문에서 데리다는 정신분석학, 그리고 니체에 기대어 이러한 선한 의지의 요구를 제한하려 시도했다. 데리다는 해석에 대한 자신의 견해가 "그럼에도 아마 슐라이어마허에서 가다머로 이어지는 다른 해석학적 전통보다 니체적인 양식에서의 해석에 더 가까이" 서 있다는 것을 인식하게끔 요구한다. 여기서 우리는 즉각 그가 자신의 책《글쓰기와 차이L'écriture et la différence》에서 높이 평가한 해석의 두 번째 해석을 떠올리게 된다. 이것은 기호의 무한한, 진리와 무관한 놀이에 즐겁게 찬성을 표하고, 따라서 최종적인 (암호)해독이라는 생각을 거부하는 그러한 해석이다. 이러한 맥락에서 데리다는, 가다머가 체계적인 시도와 결합시킨 '생동적인' 대화의 이념에 대해 당혹감을 암시한다.

이것은 어젯밤의 가장 결정적인 요점들 중 하나였고, 나의 시각에서는 우리가 맥락에 연관된 정합성整合性, Kohärenz(체계적 혹은 비체계적 정합성)에 대해 들었던 모든 것 중 특별히 문제가 많은 것이었다. 하지만 모든 정합성은 체계의 형식을 보유해야 하는 것이 아닌가.

그와 동시에 데리다는 해석학을 체계-관념System-Idee, 즉 그에게는 전체성 의지와 지배의지에 경계를 맞대고 있는 이해의 의지와 연결시킨다. 이해라는 것은 다른 사람들을 총체화하는 것은 아니지만, 그럼에도 거두어들이는 하나의 체계로 동화시키는 것이 아닌가? 데리다의 사고가 이러한 지배의지를 거역하려 하는 만큼 그의 사고는 의기양양하게 반反해석학적으로 나타난다.

세 번째 질문은 논리정연하게 이해 자체의 이러한 문제적 개념에 집중한다.

그럼에도 항상 우리는 이해의 조건이 스스로 꾸준히 전개되는 어떤 관계loin d'être le cotinuum du 'rapport'이고자 하는 것으로부터 (어제 말했던 것처럼) 멀리 떨어져, 오히려 관계의 단절이 아닌지 여부를 자문해야만 한다. 이 단절은 어느 정도 관계로서의 단절 l'interruption du rapport, 모든 매개의 지양le suspens de toute médiation을 의미한다.

　여기서 데리다는 이해를 다른 사람들에게 행사되는 폭력의 어떤 형식과 동일하게 설정한다. 이해하려는 의지가 다른 사람들을 굴복시키기를, 내가 그에게 부과하며 그의 특수성을 무시하는 사고구성에 적응하기를 강요하는 것은 아닌가? 다르게 질문을 던진다면 다음과 같다. 타자에 대한 개방이 반드시 이해의 노력으로 되돌아가는가? 우리는 이러한 의혹을 역설의 형식으로 표현할 수 있다. **내가** 그(타자)를 이해한다면 내가 **타자를** 이해하는가?

　이러한 예상 밖의 질문들에 대한 가다머의 첫 번째 반응은 몰이해와 어리둥절함이었다. 그를 자극한 것은 데리다가, 심지어 '선한 의지', '대화', '이해'와 같은 개념들을 문제시함으로써 만남 자체의 기회를 망치는 것처럼 보인다는 점이었다. 가다머는 그의 강연이 이러한 형이상학과 하늘만큼 멀리 떨어져 있으며, 단지 모든 대화 상대자의 이해에 놓인 어떤 기초적 의지를 암시하려 했다고 확언했다. 그것은 형이상학이 아니라 다만 이해되기 위해 입을 여는 사람, 그리고 다른 사람의 말을 경청하려고 귀를 여는 사람이 지니는 기초적인 이해의 준비자세와 이해 능력이다. 그러나 이는 성과를 목표로 하지 않는다. 이러한 토대 위에 데리다와의 소통은 전적으로 불가능한 것처럼 보였다.

그러나 이제 내용적인 논쟁은 정확히 소통과 이해 자체의 가능성이라는 문제 주위를 맴도는데, 이는 이렇듯 특수한 경우에서 소통의 좌절을 그토록 흥미롭게 만든다. 가다머에게 이해는 적어도 항상 가능한 것으로 머무는 반면, 데리다에게 이해는 진실로 언제든 제대로 가능하지도 않으며, 대개는 바람직한 것도 아니다. 가다머에게 이해가 항상 가능한 것이라면, 이는 모든 언어에 의미 추구가 내재한다는 점에 놓여 있다. 그렇다고 이러한 시도가 언젠가 종착점에 다다를 수도 있다는 의미는 아니다(데리다는 이에 대해 거의 신봉하고 있었다). 이해 노력이 충족되지 못한다는 점이 진리 추구를 최초로 촉진한다는 것, 따라서 데리다의 용어를 수용하면 심지어 항상 지연되거나 '차별화되는' 어떤 의미에 대한 개방을 불러일으킨다. 그러나 데리다는 이해의 의지를 가장 결정적으로 불신하기 위해, 의미의 피할 수 없는 차연différance을 유발한다. 이해가 정말로 타자들에게 적중trifft하는가? 그것은 의지에 반해, 그 아래에서 억압되어 있는 것 그리고 표현(밖으로 드러내는 것Aus-Druck)에 결코 도달하려 하지 않는 것을 은폐하는 체계들, 구조들, 기호들의 포로가 되어 머무는 것은 아닌가? 우리는 이해가 당연히 경청해야만 하는 숨 막힌 삶의 가장 나쁜 적대자인 것처럼, 데리다에 따르면 언어가 대체로 말해져야 하는 것의 가장 나쁜 적대자라고 말할 수도 있다.

3. 만남의 파장들

하나의 순수한 만남은 항상 대화 상대자에게 영향을 끼친다. 비록 가다머가 보인 최초의 반응이 당혹스러웠다고 하더라도, 데리다의 이의제기들이 귀머거리의 귀를 만난 것은 아닌 듯하다. 1981년의 만남 이후 가다머는 종종 데리다와 나눈 논쟁으로 돌아갔다(1987년에 나온 *Romantisme, herméneutique et déconstruction*과 1994년에 *L'herméneutiqueen rétrospective*의 161-219쪽에 실린 "Sur la trace de l'herméneutique"와 같은 텍스트들을 볼 것).[6] 데리다를 통한 도전은 가다머가 그의 해석학적 발상과 해체(주의)의 발상 사이에 나타난 특정한 주요 차이를 충분히 부각시킬 뿐만 아니라, 오히려 해석학에 대한 자신의 몇 가지 시각들도 은연중에 숙고하게끔 만들었던 것 같다.

　의지의 형이상학에 관련된 데리다의 비판은 분명 너무 멀리 간 것이지만, 이 비판은《진리와 방법》에서 논구한 이해 개념이

6　이에 대해 데리다의 도전에 관한 세 개의 텍스트를 참조. Gadamer, *Gesammelte Werke*, Band 10, S.125-174.

드러내는, 어느 정도 '전유專有하는' 시각을 완화하도록 가다머를 이끈 듯하다. '이해'는 여기서 실제로 적용과 전유의 형식으로 등장했다. 가다머에게 어떤 외국어의 의미를 이해한다는 것은, 적용과 번역을 통해 그 의미를 우리의 고유 언어로 옮겨 제 것으로 삼는다(전유한다)는 뜻이다. 강조점은 아주 명백하게 타자성의 전유에 놓여 있었다. 그러나 이제 이러한 이해 개념이 헤겔의 의미에서 전유의 의지를 추종하는 것은 아닌가? 내가 외국어의 의미를 **나의** 상황에 적용한다고 하면, 그것의 특수성으로부터 이해하는가? 우리는 데리다의 비판이 결정적이었는지 여부를 정확히 말할 수 없다. 그러나 후기 가다머는 이해를 이런 방식으로 파악하는 견해를 부분적으로 수정했다. 1986년 그가 시간적 간격에 바친, 그리고 적용을 다룬 중요한 장에 선행하는 장으로《진리와 방법》에 첨가했던 작은 메모가 이러한 수정을 신중하게 증거한다. "여기서는 타자를 이해에서 '전유하는' 동시에 그의 이질성을 오인하는 위험이 지속적으로 위협한다"(VM, 321; GW I, 305; Gadamer, 2005, 167).[7] 이는 아주 짧은 하나의 텍스트에 불과하지

---

7 Gadamer, "Wahrheit und Methode", *Gesammelte Werke*, Band 1, 1986, S.305; *Gesammelte Werke*, Band 10, S.130 참조. "그러니까 데리다의 이의제기는 이해는 항상 다시 전유되며, 그와 동시에 이질성(타자성, Andersheit)의 은폐를 함축한다는 것을 의미한다. 이것은 레비나스에 의해 의심할 나위 없이 강하게

만, 그런 맥락에서 거의 하나의 자기비판에 필적한다. 분명 가다머는 이해가 끊임없이 적용을 수반한다는 이념을 명백히 문제시한 적이 단 한 번도 없다. 그러나 1986년 그는 이해가 다른 사람을 자신의 소유로 만듦으로써 다르게 존재함Anderessein에 폭력을 가한다는 이해의 위험에 직면해 더 신중한 모습을 보인다. 또한 데리다가 적용에 대한 가다머의 구상에 대해 간접적으로 말했을 때(그가 해석학적 사고의 밑바탕에 놓여 있는, 의지의 형이상학을 폭로하려 했을 때), 그의 비판은 혹시 은폐되었을지 모를 지배의지를 정확히 겨냥한다. 그러므로 해석학과 해체주의의 만남은, 종종 주장되듯이 그렇게 수확이 없는 것은 아니었던 듯하다.

대화를 통한 수확을 최종적으로 입증하는 내용은, 말년의 가다머가 항상 다시 인용했던 해석학의 '정의Definition'에서 여전히 발견된다. 최후의 저작들과 인터뷰들에서 가다머는 해석학의 영혼이 아마도 권리를 가진 자가 타자라는 점에서 성립할 것임을 기꺼이 강조했다(이에 대해 가다머와의 대화를 참조. Gadamer, 1995.1.3; Gadamer, 1996b, 141).[8] 그렇다면 이해는 전유라기보다

평가된 논쟁이며 하나의 철저히 거부할 수 없는 경험(이다)." 이어서 가다머는 이러한 이의제기에 대항해 자신을 변호하려 시도한다. 그러나 여기서 이러한 해석이 가리키는 것처럼, 우리는 그가 타격을 입었다고 느꼈음을 추측할 수 있다.

오히려 타자와 그들의 배경들에 대한 개방으로 등장한다. 마찬가지로 가다머는 자신의 후기 저작들에서 이야기될 수 있는 모든 것을 고려할 때, 언어의 한계보다 언어의 보편성을 더 적게 언급했다. 유한성의 해석학이 주장하는 근본경험은, 이야기될 수도 있어야만 하는 것을 고려할 때 단지 이해의 근본적인 언어성에 대한 근본경험뿐만 아니라 언어의 한계들에 대한 근본경험이다(Gadamer, 1996a, 169-184와 *L'Europe et l'oikoumenè*에 실린 "Les limites du langage"에 대해서는 1985년의 시론을 볼 것. 후자의 230쪽에는 "철학적 해석학의 최고 원칙은 우리가 말하고자 했던 것을 전혀 말할 수 없다는 사실"이라고 적혀 있다).[9] 타자들의 다르게 존재함에 대한 개방과 언어의 한계들을 고려하면, 그것은 결코 가다머의 해석학의 이러한 새로운 강조가 데리다의 해체주의와 그의 만남이 이루어 낸 수확들이었다는 점을 배제하지 않는다.

---

8 이에 대해 가다머와의 대화를 참조. *Le Monde*, 1995.1.3; H.-G. Gadamer, *Das Erbe Europa*, FfM, 1989, S.158.

9 1985년의 에세이 "Grenzen der Sprache", *Gesammelte Werke*, Band 8, 1993, S.350-361과 "Europa und die Oikumen", *Gesammelte Werke*, Band 10, S.267-284 참조. 여기서 우리는 "철학적 해석학의 최고의 원칙은 …… 우리가 말하고자 원하는 것을 우리가 전적으로 결코 말할 수 없다는 사실"(S.274)이라는 언급을 읽을 수 있다.

4. 데리다와 가다머의 마지막 대화

오랫동안 사람들은 가다머가 홀로 데리다와의 내적 대화를 지속
해왔을 뿐이라고 믿었다. 그러나 2002년 3월 13일 가다머의 죽
음 이후에 데리다는 놀랍게도 이 대화에 자신도 계속 함께했음
을 고백했다. 2003년 2월 15일 하이델베르크 대학에서 데리다는
가다머를 추모하는 기념사 〈단절되지 않은 대화: 두 무한적인 것
사이에서, 시詩, Béliers: Le dialogue ininterrompu: entre deux infinis, le poème〉
를 발표했다(Derrida, 2003).[10] 파울 첼란Paul Celan 시의 대가다운
낭독을 들려준 이 강의의 제목은 이미 가다머의 가슴에 놓인 이
념, 즉 대화의 이념을 수용한다. 이 강의에서 요점은 데리다가 바
로 이 순간에 죽음이 중지시켰던 '종결되지 않은 대화'에 대해 말
했다는 것이다. 그러나 데리다에게 이 죽음은 두 친구를 서로 결
속하는 대화의 내밀한 구성요소였다. 한 친구가 다른 친구의 죽
음을 견뎌내야만 한다는 것은 우정의 냉혹한 법칙이다. 죽은 친
구를 스스로 감당하는 것은 생존한 친구의 권한이다. '종결되지
않은 대화'란, 데리다가 첼란 시에서 취하는 주도동기에 적절한

---

10 독일어판 제목은 "Der ununterbrochene Dialog: zwischen zwei Unendliche,
das Gedicht"이다.

방식으로 다른 친구를 감당하면서, 홀로 이끌어야만 한다고 자신에게 선고된 것으로 간주하는 그런 대화이다. "세상은 계속되며 나는 너를 감당해야만 한다." 이를 통해 데리다가 1981년 가다머가 적용한 '생동적인 대화'라는 이념에 답하려 한다는 인상을 지울 수 없다. 더 자세히 말하자면 데리다는 그에게 여전히 본질적으로 일어나며, 그 안에서 생존자가 죽은 친구의 음성을 자기 자신으로부터 표현해야만 하는, 사후 대화라는 이념을 통해 답하려 했다는 것이다.

단절되지 않은ununterbrochen 대화라는 이념은 그 입장에서 보자면 1981년 격돌에서의 '단절' 개념에 부여된, 적지 않은 역할에 대한 반향이다. 자신의 세 번째 반박에서 데리다는 이해의 이념이 특정 타자에 대한 관계의 '단절'을 함축하는 것이 아닌지 물었다. "항상 우리는 이해의 조건이 지속적으로 전개된 관계이고자 하는 것으로부터 멀리 떨어져 …… 그럼에도 오히려 관계의 단절, 즉 어느 정도 관계로서의 단절, 모든 매개의 지양이 아닌지 여부를 자문해야만 한다." 그 사이에 등장한 '단절'은 사고동반자의 죽음이라는 단절이었다. 정확히 이러한 계기에서 데리다는 하나의 고차적인 연속성, 우정의 연속성을 주장한다. 죽음 이후에 타자의 단어를 스스로 지탱하는 것이 친구의 의무로 주어진다.

데리다는 가다머의 죽음 이후 2주 만에 "얼마나 그가 정당

했었는가, 나의 여행 안내자, 한스 게오르크 가다머"라는 제목
으로 출판한 독일어 텍스트에서 이러한 우정의 증거를 보여준
다[이 글은 G. Leroux, C. Lévesque et G. Michaud(dir.), "Il y aura ce
jour...", *À la mémoire de Jacques Derrida*, Montréal, À l'impossible, 2005,
53-56에 실렸고, 이후 잡지 *Contre-jour*, 9(2006), 87-91에 재수록되었
다].[11] 여기서 그는 인간 가다머에 대해 끊임없이 느꼈던 경탄에
관해, 그렇게 기꺼이 살았으며 삶을 긍정했던 이 '선한 삶bon
vovant, gutes Leben'에 관해 감동적으로 서술했다. 데리다가 말했듯
이, 이러한 삶의 긍정이 그 자신에게는 주어지지 않았으며, 삶의
긍정에 대한 가다머의 능력을 부러워했다. 데리다는 그 이유를
해명했다.

> 나는 가다머의 죽음을 믿지 않는다. 나는 그것을 믿을 수 없다. 나
> 는 이미 가다머가 결코 사멸하지 않을 것이라는, 즉 그는 사멸할
> 수도 있는 어떤 인간이 아니라는 사고에 익숙해졌다. 내 안에 있
> 는 어떤 것이 여전히 그 점을 항상 믿는다. …… 우리의 첫 만남이
> 있었던 1981년 이래로 …… 그에게서 온 모든 것이 나에게 명량

---

11 일간지《프랑크푸르트 알게마이네 차이퉁(FAZ)》(2002.3.23)에 처음 독일어로
실렸다. 프랑스어로 된 원래 텍스트는 데리다의 죽음 이후에야 비로소 접근
가능하게 되었다. *Contre-jour*, 9, 2006, S.87-91.

함을 선물했다. 나는 가다머가 아주 개인적으로 나에게 전염 혹은 철학적 발산(작용)을 통해 이를 매개했다는 감정이 있었다. 나는 그가 살며, 말하고, 웃으며, 걸어가고, 심지어 절뚝거리며, 먹고 마시는 것을 그렇게 기꺼이 보았다. 나보다 훨씬 더 많이! 나는 삶을 긍정하는 그의 힘을 부러워했다. 그것은 결코 정복될 수 없는 듯 보였다. 나는 가다머가 결코 사멸하지 않을 자격이 있다는 신념을 품었다. 우리는 세기의 모든 철학적 논쟁들에 적극적으로 또는 관찰자로서 참여했던 그러한 하나의 절대적 증인을 필요로 했기 때문이다.[12]

그리고 가다머가 결코 죽지 않을 자격이 있기에 데리다는 그의 사고와의 대화를 영원히 끌고 갈 수 있다고 믿었다. 2004년 10월 9일 데리다의 갑작스러운 죽음이 이러한 추후의 대화를 중단시켰다. 그러므로 (이제) 두 사람의 친구들에게 해석학과 해체주의라는 "두 가지 무한한 것" 사이의 대화를 지속할 의무가 부여된다.

---

12 *FAZ*, 2002.3.23; *Contre-jour*, 9(2006), S.87-88.

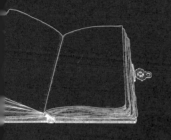

9장

로티, 바티모:
탈근대적(포스트모던적) 해석학

데리다와 달리 리처드 로티R. Rorty와 잔니 바티모G. Vattimo는 명백히 해석학적 사고의 전통에 기댄다. 그러나 그들은 해석학적 사고에 오히려 '상대주의적' 혹은 '탈근대적' 표현법Wendung을 제공했다. 이 둘은 모두 "이해될 수 있는 존재는 언어이다"라는 가다머의 유명한 공식에 의지한다. 그러나 그들은 이 공식으로부터 우리의 이해가 우리 언어를 통해 도달될 수 있는 어떤 존재 또는 실재에 관계한다고 주장하는 것은 망상이라는 결론을 이끌어낸다. 그들은 모든 것이 (그들의 이해에 따르면) 궁극적으로 우리가 초월할 수 없는 언어에 종속적이라는 이유로 우리가 (전통적으로 고수해온) 사고와 현실의 일치라는 이념을 포기해야만 한다고 주장한다. 이것이 로티를 실용주의로, 그리고 바티모를 쾌활한fröhlich 허무주의로 이끈다. 이 둘은 이러한 발걸음에서 하이데거와 가다머가 주장하는 이해의 불가피한(역사적인) 선구조의 강조와 그들의 언어성을 증거로 끌어들이지만, 그로부터 상대주의적인 귀결을 이끌어낸다. 하이데거와 가다머에 대한 인용은 계속 줄어들게 되며, 심지어 리쾨르는 전혀 끌어들이지 않는다.

1. 로티: 진리개념의 실용주의적 작별

1979년 발표된《철학과 자연의 거울Philosophy and the mirror of nature》에서 로티는 미국 실용주의 전통과 가다머에서 유래하는 해석학의 전통을 인상적이며 풍부한 영향력으로 결합시키기에 이른다. 그의 의도는 어째서 철학이 단순한 "현실Wirklichkeit의 거울"로서 이해되는 지식을 거부해야만 하는지 가리키려는 데 있었다.* 로티는 이 거울에서 실패한 메타포와 숙명적인 언어작용을 바라본다. 마찬가지로 그는 철학이 '인식론Erkenntnistheorie, Epistemologie'이라고 주장하는 (앵글로색슨 세계에서 지배적인) 이념을 문제시한다. 이들의 과제는 우리의 인식이 어떻게 현실과 관계하는지 설명하는 것이다.

과학을 절대적으로 신봉하는 지배적인 영미 인식론을 향한 이러한 실증주의 비판과 경험론 비판은 그 자체로 독창적인 것은 아니다. 이 비판은 콰인W. V. O. Quin의 실용주의와 그가 수행한 이른바 (그 자체로 대담한 공식인!) "경험론의 도그마들", 그중 실제적 세계에 대한 관계라는 도그마를 거부함으로써 시작되었

---

* 여기서 그롱댕이 선택한 용어 '현실(Wrklichkeit)'보다는 '실재(Realität)'가 더 적절해 보인다.

다.* 그러나 또한 이 비판은 과학사가인 토머스 쿤의 작업을 통해 시작되었다. 그는 자신의 유명한 저서《과학혁명의 구조》(1962)에서 과학적 이론의 수용은 언어와 수사학에, 그리고 과학적 증명보다는 통용되는 '패러다임들'에게 더 종속적인 전체 가설들에 많이 의존해야 한다는 점을 밝히려 했다. 이 패러다임들이 어떤 주어진 시기에 과학적 합리성의 규범들을 정의한다.

여기서 드러나는 로티의 독창성은 오히려 그때까지 영어권에서 거의 알려지지 않은 가다머의 저서를 증거로 끌어댄다는 사실에 근거를 둔다. 이는 그가 심지어 인식론과 과학이론의 영역과 그 전체 시도가 해석학적 사고로 대체되어야 한다고 주장하는 논제를 고용할 때 특히 그러하다.《철학과 자연의 거울》제7장은 실제적으로 "인식론에서 해석학으로"라는 제목을 달고 있다. 현실을 해석학적으로 파악하는 것이 더 적절하거나 더 적합하기 때문에 해석학이 인식론과 과학이론들을 대체할 수 있다고 믿는다면 오류일 것이다. 그는 이 제목을 통해 그런 주장을 펴는

---

* 두 가지 아이디어가 콰인의 〈경험주의의 두 도그마〉라는 논문의 핵심이다. 분석성이 종합성과는 다른 방식으로, 예컨대 정의나 동의어의 교환가능성, 검증 이론으로 해명될 수 있다는 발상을 비판하는 게 첫 번째 아이디어다. 그리고 한 경험적 진술에 감각사건들의 고유 영역들이 결합되어 있으므로 각 진술들을 각기 독립적으로 환원할 수 있다는 환원주의적 발상을 비판하는 게 두 번째 아이디어다.

것이 아니다. 로티의 입장에서 해석학의 이점은 어쨌든 (철학이 인식이라고 주장하는) 이러한 이념을 거부하고 전혀 다른 인간적 문화의 이념을 제시하는 데 있다.

이 장에서 나는 해석학에 대해 논의한다고 하지만, 한때 인식론을 중심으로 한 철학을 통해 메워진 적이 있는 문화적 공백을 채우려는 활동이었다거나, 인식론의 뒤를 잇는 '승계 학문 분야'라는 식으로 해석학을 내세우려는 것이 아님을 처음부터 분명히 해두고 싶다. 내가 부각시키려는 관심에 의거하면 '해석학'은 어떤 학문 분야의 명칭도, 인식론이 달성하는 데 실패했던 종류의 결과를 이룩하려는 방법에 붙여진 이름도, 어떤 연구 계획의 제목도 아니다. 그 반대로 해석학은 인식론의 퇴조가 남긴 문화공간이 채워지지 않으리라는 희망을 표현하고 있다. 즉, 우리의 문화 속에서 더 이상 직면과 제약을 요구하는 목소리가 들리지 않기를 바라는 희망이다(Rorty, 1990, 349; Rorty, 1979, 315).[1]

---

1   R. Rorty, *Philosophy and the Mirror of Nature*, Princeton, 1979, S.315; R. Rorty, *Der Spiegel der Natur: Eine Kritik der Philosophie*. Übers. von M. Gebauer, FfM, 1981, S.343(한국어판은 리처드 로티, 박지수 옮김,《철학 그리고 자연의 거울》, 까치, 1998, 341쪽 이하).

로티는 해석학이 진리에 도달하는 어떤 방법이나 더 나은 방법을 제공하지 않는다고 본다. 오히려 해석학은 우리가 (현실과의 일치라는 의미에서) 진리라는 이념이 없는 채로 살도록 가르친다. 진리를 향한 추구가 교양과 대화의 이상理想들을 높이 평가하는 하나의 문화에 자리를 비켜준다고 한다. 여기서 로티는《진리와 방법》에서 제시된 '교양Bildung'의 관념에 기댄다. 가다머는 예술과 정신과학을 통해 매개된 지식은 방법적 지식, 즉 거리두기의 지식Wissen auf Distanz이 아니라 '교양지식Bildungswissen'임을 가리키기 위해 교양을 상기시킨다. 이 교양지식은 행위자 자체의 변화를 포함하며, 상호적 교환을 통해 대화 문화를 가져오려 한다고 한다. 이로부터 로티는 결정적으로 더 상대주의적인 귀결을 이끌어낸다.

가다머는 교양이 '자기 자신 외의 다른 목적이 없는' 것이라는 생각을 낳은 인문주의적 전통의 역할에 관한 논의로《진리와 방법》을 시작한다. 그러한 생각을 파악하려면 기술적記述的인 어휘들이 시대적·전통적·역사적 사건들에 상대적이라는 점을 이해할 필요가 있다. 이는 인문주의적 전통이 행하고 있는 역할이며, 자연과학의 결과만 가르쳐서는 불가능한 일이다(Rorty, 1990, 398; Rorty, 1979, 362).[2]

이러한 교양의 이상理想에 의거해 철학의 과제는 현실을 더 정확하게 묘사하는 서술을 제안하는 것이 아니라 단지 인간들 사이의 가능한 한 평화롭고, 그리고 로티에 따르면 '교화적教化的, erbauende'인 대화의 지속 혹은 의사소통conversation을 증진하는 데 있다고 한다. 더 자세히 말하자면 지식은 결코 대화의 차원, 그와 동시에 언어의 차원을 초월할 수 없으며, 그렇게 언어적으로 파악되지 않는 현실에 도달할 수 없게 된다.

로티는 자신의 저술에서 분석철학의 해석학적 변형 혹은 자기지양을 추진하려고 시도함으로써 해석학적 사고를 영미권에서 유명하게 만드는 데 높이 기여했다. 이것은 부인할 수 없는 그의 업적이다. 게다가 그는 이러한 사고에 하나의 상대주의적 방향을 제시했는데, 이는 가다머에게 어느 정도 낯선 것이었다. 자신의 주저를《진리와 방법》으로 이름 붙인 어떤 저자가 진리개념을 포기하려 한다고 상상하기란 어렵다. 마찬가지로 해석학에 대단한 존재론적 전회를 제공하는 사고단초Denkansatz에게는 현실Wirklichkeit인식의 거부 또한 추종할 수 없는 것이다.

2000년 2월 12일 가다머의 탄생 100주년을 맞이해 로티는

---

2   Rorty, *Philosophy and the Mirror of Nature*, S.362; *Der Spiegel der Nature*, S.393(한국어판은 리처드 로티,《철학 그리고 자연의 거울》, 390쪽).

하이델베르크 대학 강의에서 거듭 해석학의 덕목들을 부각시켰다. 그리고 그는 "이해될 수 있는 존재는 언어이다"라는 명언 Diktum에 연관시키는데, 물론 이 명언에 순수한 '유명론적' 의미만을 부여하기 위해서이다. 그는 유명론적 의미를 다음과 같이 특징짓는다.

> '유명론'을 나는 모든 본질들Wesenheiten은 유명적인 종류이며, 모든 필연성은 말에 순응하는 것de dictio, der Rede zu eignen이라는 논제의 의미에서 정의하려 한다. 이 논제는 더 높은 방식의 어떤 대상 서술도 해당되는 대상의 고유한 본성을 다른 어떤 서술보다 더 적중하지 못한다는 것에까지 펼쳐진다(Rorty, 2000, 23-25).[3]

"모순이 없는 유명론을 대변하는 누군가는" 결과적으로 "미립자어휘Korpuskularvokabular의 예측결과와 설명결과가 그것의 존재론적인 지위를 위한 어떤 중요성도 없으며, 우리는 '존재론적 지위'라는 개념 일반을 배제해야만 할 것임을 강조하는 것"[4]이 된다.

---

3   dt. im Sammelband(ohne Herausgebe): *Sein, das verstand werden kann, ist Sprache. Hommage an Hans-Georg Gadamer*, FfM, 2001, S.30-49, hier 33.
4   Ebd., S.34.

존재론에 대한 이런 거부는 가다머에게 완전히 낯선 것이다. 《진리와 방법》의 마지막 장 제목은 마침내 언어의 실마리에 따른 해석학의 '존재론적 전회'를 고지하고 있다. 언어는 가다머에게 현실의 사고를 불가능하게 만들 수도 있는 어떤 장애물을 형성하지 않는다. 오히려 반대로 언어는 그 안에서 존재가 스스로를 드러내는 요소이다. 더 나아가 우리는 가다머의 경우 유명론 Nominalismus에 대해 전혀 말할 수 없다. 그에게 언어는 먼저 사물들의 언어[5]이고, 그 다음에 사고의 언어이기 때문이다. 유럽 사고의 언어망각성에 대한 가다머의 모든 비판은 궁극적으로 도구주의적이고 유명론적인 견해에 대한 공개적 비난을 목표로 한다. 이 견해가 언어로부터, 그 자체가 아무 의미 없는지도 모를 현실에 마주해 제시될 수도 있는, 사고의 순수한 도구를 만든다. 그러나 이제 로티는 정확히 이러한 유명론을 복권시키려 시도한다.

우리가 무언가를 어쨌든 이해하는 한, 어떤 서술Beschreibung의 도움으로 이해한다. 그리고 특권화된 서술이란 존재하지 않는다.

---

5 H.-G. Gadamer, "Die Natur der Sache und die Sprache der Dinge", *Gesammelte Werke*, Band 2, S.66~76.

우리의 기술적記述的 언어의 배후로 나아가거나 대상 그 자체로 다가갈 가능성은 존재하지 않는다. 그러나 이것은 우리 능력의 제한성 때문이 아니라, '우리에 대해서'와 '그 자체로' 사이의 구별이 기술적 어휘의 잔여Überbleibsel, 이른바 그 유용성을 오래전에 상실한 형이상학의 어휘라는 점 때문이다(Rorty, 2000, 23-25).

비록 로티가 여기서 자랑스럽게 하나의 새로운 '가다머적 교양'에 관계하지만, 우리는 그의 발상에서 어렵지 않게 현대 구성주의Konstruktivismus의 절정을 인식할 수 있다. 이 관점에서 세계는 우리가 세계에 대해 형성하는 견해로 환원한다. 언어를 단순히 도구적 방식으로 이해하는 이러한 유명론에 대해 가다머는 강력히 비판한다. 그에게 "이해될 수 있는 존재는 언어이다"라는 격언은 존재가 우리의 서술로 환원된다는 유명론적 의미가 아니라 존재론적 의미에서 이해될 수 있다. 언어에서 존재가 스스로 표현되며, 그 언어는 존재에 대한 우리의 부정확한 서술을 교정하도록 허용한다.

로티가 해석학을 반反존재론적이며 유명론적인 의미에서 해석하는 반면, 바티모는 그로부터 정확히 상대주의적인 귀결들을 이끌어낸다. 그러나 이 귀결들이 그를 허무주의적 존재론의 이념을 방어하도록 고무한다.

2. 바티모: (하나의) 해석학적 허무주의를 '옹호하며'

바티모는 해석학을 "허무주의적으로 규정하는 것"에 대해 무조건 긍정적으로 이야기한다. 그에게 이 논제는 가다머에 대한 비판과 결부되어 있는데, 이 비판은 로티에게서 발견되지 않는다. 그는 이른바 가다머의 해석학을, 이 해석학이 은밀하게 추구하는 허무주의적인 존재론을 스스로 발전시키지 못했다고 비난한다. 해석학은 동시대적 사고의 표준어Koiné이지만, 이러한 근본적이며 철저한 존재론이 없을 경우 순수한 요점과 공격의 방향이 없는 너무 미지근하고 보편적인ökumenische 공통어로 머문다고 한다. 이는 단지 모든 것이 해석의 문제라고 말하는 데 국한된다(Vattimo, 1997, 9-22).[6] 만약 이렇듯 존재론 없이 적용된다면 해석학의 철학적 의미는 약화된다고 한다. 이 비판은 종종 '허무주의'에 대해 말했던 하이데거와 니체를 부지런히 탐독한 독서의 결과이다. 물론 가다머는 이러한 발언을 하지 않았다. 여기서 허무주의는 각각의 진리가 해석, 전통, 언어에 종속적이라고 주장하기 때문에 우리가 존재에 대해 말할 수 없다는 것을 의미한다.

---

6   G. Vattimo, "Die nihilistische Bestimmung der Hermeneutik", in G. Vattimo, *Jenseits der Interpretation. die Bedeutung der Hermeneutik für die Philosophie*, FfM, 1997, S.21.

바티모에 따르면 하나의 철저한 해석학이 허무주의적 존재론으로 인도되어야만 한다. 존재 자체는 무無이다. 존재는 철두철미하게 우리의 언어와 해석들에 환원되기 때문이다. 이러한 논제는 당연히 스스로가 하나의 해석일 뿐이라는 이의제기에 직면하게 된다. 어떻게 이 논제가 정당화될까? 바티모의 견해에 따르면 이는 해석학 자체가 하이데거와 니체와 더불어 허무주의의 도래Heraufkunft에서 절정에 이르게 되는, 존재사의 사건에 대한 대답으로 이해된다는 것을 우리가 인식할 때 가능하다고 한다. 이것은 '허무주의'에서 어떤 "존재에 대한 담론이 끝없이 지속하려는 약화Abschwächung"(Vattimo, 1997, 9-22)를 보려는 것을 목표로 한다. 이 담론이 우리의 근대 역사를 특징지었으며, 보편적인 표준어로서 해석학의 정당성을 뒷받침했다. 해석학이 설득력을 지니려면 "해석학은 단지 어떤 상황, 어떤 '시대Epoche', 그리고 마침내 필연적으로 어떤 원천의 가장 설득력 있는 철학적 해석으로 나타날 수 있다." 해석학이 어떤 특정한 역사와 유래의 수미일관한 성과를 묘사함으로써 해석학은 보편성에 대한 자신의 고유한 요구를 정당화할 수 있다. 여기서 역사화되었기 때문에 '약화된' 보편성이 중요한 문제라는 사실은 전적으로 바티모가 탈근대적 시대에 특징적이라고 간주하는 '약한 사고'의 의미에서 그러하다. 탈근대적 시대는 '엄격한', 그리고 그로써 '폭력적인' 존재규정을 거부한다고 한다. '폭력적인' 존재규정의 시대는 형이상학의 시대인데, 해석학은 이를 완전히 극복한다고 한다.

그러므로 "이해될 수 있는 존재는 언어이다"라는 가다머의 격언Spruch은 바티모에 따르면 철저히 허무주의적인 의미로 이해되어야만 한다. 로티에게 이는 사태에 따라(그렇게 말할 수 있다면) 이미 그런 경우였다. 바티모는 이 명제Satz에 이해의 영역을 (언어로 묘사되는) 존재의 이러한 방식과 동일시하려는 진부한 의미만 있는 것이 아니라고 생각한다. 바티모는 이러한 소심한 독해방식 대신 "하나의 근본적인 존재론적 독해방식"을 제안하는데, 이는 존재와 언어의 (그것의 모든 역사성과의) 단순한 동일화라는 독해방식이다. 이것은 가다머가 끝까지 사고하지 못했던 논제이지만, 그의 '탈형이상학적' 사고의 최종적인 귀결이라고 한다 (Vattimo, 2000, 502, 505). 사물의 이러한 시각에서 존재는 각각 언어와 관점에 의해 포획되며, 그 밖에 아무것도 아니다. 이 독해방식은 '탈근대적'이라고 권해지지만, 근대의 정신과 완전히 일치한다. 근대의 정신은 모든 의미를 주관성으로 환원시킨다. 그것은 이러한 주관성이 이제 스스로를 역사적으로 알고 언어의 놀이로서 전개된다는 구별까지 환원시킨다.

그러나 가다머에게 해석학과 존재론은 (서로) 대립적인 방향으로 나아간다. 존재가 언어에 의해 포획되는 것이 아니라, 오히려 존재로부터 포착되는 것이 바로 우리의 언어이다. 언어는 먼저 존재 자체의 '빛'이기 때문이다. 그는 형이상학의 극복 또한 언급하지 않는다. 오히려 가다머는 중세의 존재형이상학에 기댄다. 이 형이상학은 '사고의 존재결부성'을 회상하기 위해 보편적인 존재 규정을 사고의 술어들이 아니라 존재의 술어들로 이해했다.[7]

바티모의 해석학과 그의 스승 가다머의 해석학의 차이를 더 잘 이해하려면 가다머의 탈근대적 유산을 위한 (마찬가지로 바티모와 로티, 또 데리다를 위한) 니체와 하이데거 같은 저자들의 특별한 역할에 관심을 두는 것이 유용할 수 있다. 그들이 연관 짓는 니체는 전통적인 진리개념을 의문시하며, 사실은 존재하지 않고 해석만이 존재한다고 주장하는 인물이다(이 논제가 참이라고 하려면, 당연히 자기모순이라는 대가를 치러야 한다. 하지만 탈근대적 사상가들은 그에 대해 아주 많이 신경 쓰지는 않는다). 그들의 하이데거 해석은 특히 그의 후기 철학의 통찰로부터 생겨난다. 이 통찰에 따르면 우리의 이해는, 허무주의의 도래로 사고된 존재사의 포괄적인 영역을 통해 남김없이 규정된다. 탈근대적 저자들은 바로 이

---

7   Gadamer, *Gesammelte Werke*, Band 1, S.462. 이에 대해 J. Grondin, "Gadamer
    und die Metaphysik", *Archiv für Begriffsgeschichte*, 52(2009) 참조.

러한 니체적이고 하이데거적인 고찰방식을 가다머의 본질적 사상, 특히 정신과학의 객관주의에 대한 그의 비판, 그리고 선입견과 우리 이해의 언어적 성격에 대한 부각과 연결시켰다. 그들은 가다머 사고의 이러한 관점들을 강조(과시)함으로써 해석학이 전통적인 진리개념(사물과 사유의 일치adaequatio rei et intellectus)과 작별을 고할 수 있다고 믿었다. 니체의 관점주의, 하이데거의 존재사, 가다머의 언어사상은 그래서 서로 융합하게 되었다.

물론 이러한 지평혼용은 그들로 하여금 해석학의 건실한 존재론적 도달범위를 시야에서 놓치게 만들었다. 게다가 가다머는 니체와는 대조적으로 진리개념과 결코 작별하고 싶어 하지 않았다는 점을 간과했다. 가다머에게 니체는 진정으로 함께 논쟁을 벌이려는 대상이 아니다. 니체는 오히려 존재를 의욕das Wollen을 위한 그의 가치로 환원시켜 근대 사고의 유명론을 극단으로 몰고 갔던 인물이다. 그래서 언어 스스로가 현실의 관점주의적인 정돈Zurechtlegung으로서 상세히 묘사될 수 있었다. 모든 것이 주체 혹은 의지에 종속되는 그러한 맥락에서 객관적인 진리도 강요하는 가치들도 존재할 수 없음이 밝혀진다. 그러나 가다머의 고찰에 따르면 이러한 가치와 진리의 부재는 우리가 근대 사고의 유명론적 영역 범위 안에 있을 때만 설득력을 지닌다. 이 영역 범위에서는 의미를 부여하는 주체성 없이는 의의도 질서도 세계에 부여될 수 없다. 그러나 이제 이것은 정확히 주권적인, 모든 것을 규정하는 주체라는 관념이다. 이 주체는 의미가 비었다고 간주되는 무형의 세계와 마주 서 있는데, 이 세계를 해석학은 문제시하도록 허용한다. 그리하여 해석학은 우리가 이해의 존재관계를 새로 발견하고 허무주의의 출발상황을 극복할 수 있도록 돕는다. 이것이 어쨌든 결정적인 기여인데, 이는 니체와 하이데거의 사고발상들에 의거해서 인증된다.[8]

---

8 J. Grondin, "Vattimo's Latinization of Hermeneutics. Why Did Gadamer Resist Postermodernism?", in S. Zabala(Hg.), *Weakening Philosophy. Essays in Honor of Gianni Vattimo*, Montreal/Kingston, 2007, S.203-216.

결론

해석학적 보편성의 용모들

해석학이 우리 시대의 공통어Koinè를 표현할 때, 해석학은 종종 사람들이 믿는 것과 차이가 큰 외관Aussehen을 제공한다. 철학이라는 자신의 지위에서 해석학은 우리 **세계경험의 보편적인 요소를** 가리킨다고 주장하는데, 이 보편성은 아주 상이하게 이해되고 방어되게끔 한다. 이것은 우리가 이 보편성을 표현하는 가장 일반적인 표어에서 나아갈 때 입증된다. "모든 것은 해석의 문제이다." 이 공식을 명백히 뒷받침하는 상이한 강조점들Gewichtungen을 우리는 해석학의 위대한 대표자들과 연관시킬 수 있다. 그러나 당연히 해석학적 전통에 기대지 않고서도 동일한 논제를 대변하는 몇몇의 이른바 '익명의 해석학자'와 연관시킬 수도 있다. 우리는 이러한 각각의 해석들이 해석학의 목표인 진리구상에 대해 상이하며, 때로 대립적으로 작용(영향)한다는 것을 보게 된다.*

1) 일반적 해석관점주의**

"모든 것은 해석의 문제이다"라는 공식은 먼저 니체주의자의 의미, 즉 힘에의 의지의 관점주의라는 의미에서 독해될 수 있는데, 이것은 확실히 플라톤 시대의 소피스트들이 선취한 것이다. "사실은 존재하지 않으며, 단지 해석들만이 존재한다."*** 그와 관련해 실제로 사태와의 일치adequatio intellectus et rei라는 의미에서 어떤 진리도 존재하지 않는다. 니체가 비꼬듯 첨언하는 것처럼 진리란 "그것 없이 특정한 종류의 생명체(생물)가 살 수 없는 오류의 종류"라고 한다. 우리가 무엇을 진리로 간주하는지는 여러 관점 중 하나이며, 이 관점은 스스로를 관철시키려 추구하는 힘에의 의지를 통해 은밀히 강요되었다고 한다. 참이고자 하는 동시에 모든 진리를 오류의 종류로 간주하는 이러한 논제의 명백한 자

---

* 장 그롱댕,《철학적 해석학 입문》, 35쪽. 그롱댕은 '보편성'이라는 표현이 자주 언급됨에도 불구하고, '보편성 요구'라는 개념은 불명확하며, 이는 가다머, 하버마스 혹은 데리다의 경우에도 마찬가지라고 주장한다.

** 다음의 각 내용에 붙인 소제목은 옮긴이가 내용과 연관해 제시한 것이며, 원문에는 없다.

*** 프리드리히 니체,《유고(1885년 가을~1887년 가을)》, 책세상, 2005, 383쪽.

기모순을 도외시한다면, 이러한 관점주의적 이론의 가장 커다란 어려움은 우리가 실로 (교정 가능하기 때문에) 증명할 수 있는 현실에의 접근성을 지니며, 그래서 실제로 비판적으로 구별되는 진리들, 오류들, 탈선들이 존재한다는 데 있다. (마르세유Marseille가 아니라) 파리가 프랑스의 수도라는 것, 물의 분자가 (하나의) 산소 원자와 (세 개가 아니라) 두 개의 수소 분자로 구성되는 것, 내가 명왕성Pluto에 결코 있었던 적이 없다고 말하는 것은 사실이지 해석이 아니다.

2) 인식론적 해석관점주의

해석학적 관점주의는 엄밀한 **인식론적** 의미에서 이해될 수 있다. 따라서 이 논제는 사전事前 도식, 즉 (《과학혁명의 구조》에서 토머스 쿤의 논제에 의거해서) 해석의 표본 없이는 세계에 관한 인식이 존재하지 않는다는 것을 말한다(Kuhn, 1990. 1962년 쿤은 해석학의 전통 전체를 모르고 있었다. 그러나 이 전통에 동의를 표하면서 그것을 1977년 자신의 마지막 책《주요한 긴장La tension essentielle: tradition et changement dans les sciences》에서 상기시킨다). 쿤에 따르면 모든 과학은 보편적인 패러다임의 기초 위에서 작업한다. 이 패러다임은 그것의 내부에서 진리와 허위가 구별되는 식별 가능성Einsehbarkeit과 일치 Stimmigkeit의 영역을 표시하는 세계표상과 가치표상을 의미한다.

그러나 이러한 영역은 스스로 변화하며 획득된 매개변수Parameter
를 파괴할 수 있는 과학적 혁명의 대상이다. 그리하여 가장 가까
운(친숙한) 것을 몰아내는 것이 (하나의) 범형에게 성취된다. 여기
서 진리는 도달할 수 있는 것으로 머물지만 주어진 범형에 종속
적이다(범형 자체의 진리에 대한 물음은 인식론에서 오늘날까지 의견이
분분하다).

3) 역사주의적 해석관점주의

"모든 것이 해석이다"라는 논제는 더 일반적으로 (하나의) **역사적**
의미를 가정할 수 있다. 모든 해석은 시대의 산물이다. 이 시각은
역사주의Historismus라 불리는 것에 상응한다. 역사주의는 특히 고
전적이고 방법론적인 해석학(딜타이)이 종종 제어하려 시도한 것
이지만, 탈근대적 상대주의에서 자주 (하나의) 해방처럼 환영받
았다. 진리의 불가피한 역사성은 우리를 적절함Angemessenehit 혹
은 일치(합치adequatio)로서의 진리이해로부터 해방시킬 것이라고
한다. 역사주의의 제한된 관점에서는 진리가 가능한 것으로 머
물지만, 하나의 현상을 진리로 해석한다는 것은 우리가 이 현상
을 그 맥락에서 이해한다는 의미다. 맥락 독립적인 진리는 배제
된 것처럼 보인다.

4) 이데올로기 비판적 해석관점주의

더 나아가 이 표어는 **이데올로기적** 방식에서 첨예화된다. 이때 이 표어는 모든 세계표상이 다소 명백한 관심을 통해 이끌어진다는 것을 의미한다. 여기서 우리는 마르크스와 프로이트, 이데올로기 비판, 리쾨르가 '의혹의 대가'들이라 부른 모든 사상가를 생각하게 된다. 이 의혹은 이른바 '심층해석학'(하버마스)을 탄생시킨다. 이 해석학은 자신의 입장에서 강한 진리요구를 제기하는데, 이러한 요구는, 물론 종말론적이지 않을 경우 다소 이상적인 것으로 머문다. 진리는 (현상들의 최종적 진리에 정통한) 이론가의 특권으로만 머물지 않는다. 이론가는 자신의 '객체Objekt'(사회)를, 이 객체가 지금 이론가의 의식을 훼손시키는 이데올로기로부터 자유로운 정도로만 온전히 인식하게 된다. 그러나 이론가는 그가 어떤 사회 혹은 의식의 존립 상태를 훼손된 혹은 왜곡된 것이라고 비판하는 경우에만 이상적인 진리를 예견한다.

이는 해석학적 편재Ubiquität의 아주 현재적이고 가장 중요한 형식들이다. 그러나 해석학적 전통의 주요 대표자들은 대체로 이러한 보편성의 더 구체화된 구상들을 대변한다.

5) 실존론적 해석학의 보편성

하이데거에게 해석학의 보편성은 무엇보다도 **실존론적** 의미가 있다. 인간은 자기 자신에게 하나의 물음이기 때문에 그는 곧 해석으로 규정된 본질Wesen이다. 인간은 해석들을 필요로 하며, 옛날부터 스스로 해명할 수 없는 해석들 가운데서 살아간다. 아우구스티누스의 느낌을 불러일으키는 해석학의 이 극화劇化는 이러한 발상으로부터 인간의 현사실성現事實性, Faktizität의 보편적 철학을 형성한다. 이 철학은 인간 실존이 곧잘 은폐하는 자기망각성으로부터 인간 실존을 구출하려는 목표가 있다. 이때 적절성Angemessenheit의 의미에서 진리관계는 분명 유지된다. 확실히 하이데거는 해석의 일차적 과제가 이해의 선취Verstehensvorgriffe를 "사태 자체로부터 확보하는 것"이라고 강조한다(옛날부터 일치-진리Adaequatio-Wahrheit와 다른 것을 의미하지 않는다).* 그러나 하이데거에게 이는, 인간 현존재가 자기 자신을 본래적이고 단호하게 주어진 사멸적 존재 가능성으로 떠맡는다면 인간 현존재가 될 수 있는 것was menschliches Dasein sein kann에 상응하는 기획의 실행이 가능하다는 의미이다. '비본래적', 즉 적절하지 못한 현존재의 구상(특히 형이상학의 구상들)에 대해서는 도전장이 던져졌다. 이 구상들은 현존재가 사실적으로 무엇이며 무엇일 수 있는 것을 외면

---

* "진리는 사태와 지성의 일치/동화이다(veritas est adaequatio rei et intellectus)"는 토마스 아퀴나스의 유명한 진리규정이다.

하기 때문이다. 따라서 '비본래적' 해석들, 즉 실존을 자신의 유한성으로부터 떼어놓는 것인 한 부적절한 그런 해석들은 파괴된다. 그러나 이는 하나의 강력한 본래성의 이상理想이라는 척도에서 이루어진다. 그리하여 어떻게, 그리고 그것을 충족하는지 여부는 각각의 현존재에게 위임된 것으로 머문다.

6) 언어성의 해석학적 보편성

(앞의 입장과 달리) 가다머와 같은 저자들, 마찬가지로 많은 다른 저자들에게 해석학의 보편성은 특히 언어성의 보편성의 의미에서 파악된다. 모든 해석, 모든 세계관계는 언어적 매체를 전제한다. 이는 이해의 **실행**Vollzug과 **대상**Gegenstand이 필연적으로 언어적이기 때문이다. 또한 이러한 보편에서 적절함으로서의 진리는 가능하다. 그러나 항상 문제가 되는 것은 사물 자체의 언어에 대한 관계에서의 적절성이다. 그리하여 사물 자체가 말하는 것, 즉 그 언어와 우리 해석을 대조함으로써 해석의 검사가 가능하게 된다. 이러한 방식으로 말하는 것은 그렇게 들리는 것보다 덜 낯설다. "태양이 지구 주위를 돈다"라는 명제가 틀렸다고 말할 수 있다면 그것은 이 명제가 현실 자체가 '말하는' 것, 그 명백성évidence에 모순된다는 것에서 기인한다. 결론적으로 어떤 학문적 혹은 문헌학적 구상 혹은 어떤 선취先取, Vorgriff는 항상 더 적절한

이해를 통해 논박된다. 더 적절한 이해는 현실 자체의 언어, 사물의 명백성에 호소하는데, 이 또한 언어를 통해서만 가시화될 수 있을 것이다. 가다머에게 이 언어는 먼저 사물 자체의 언어이며, 비로소 두 번째 단계에서 우리 정신의 언어이다(이 정신은 이 언어를 오히려 사물로부터 얻는다). 언어의 보편성에 대한 이러한 견해는 물론 해석학이 유일하게 대변하는 것은 아니다.

7) 탈근대주의의 언어적 보편성

가장 넓게 유포된 견해는 탈근대적 (그리고 여기에 제시된 경우에는 매우 근대적) 독법이다. 이 독법은 언어에서 배후로 다가갈 수 없는 '현실'의 '형성Formung'과 선先형태화를 인식한다. 이것들은 우리의 해석들이 그에 상응할 수도 있는 실재(성)의 이념을 효력이 없다고 거짓 주장하는 것에 관한 하나의 도식화이다. 실재성이 우리의 해석들을 통해 최초로 '구성되'거나 형성되기 때문이라고 하는데, 얼마나 대단한 요구인가! 이러한 탈근대적인 논제는 쉽사리 관점주의적·인식적·역사적·이데올로기적·실존론적·언어적 의미들을 사로잡는다. 그런데 이 의미들은 우리가 구별할 수 있으며, 더욱이 키메라적인 것으로 간주된 현실의 일치Entsprechung라는 이념을 문제시하기 위해 항상 구별할 수 있는 것이다. 우리는 이 해석학을 실제로 종종 (앞에서 언급한) 힘에의 의지의 관점주의와 연결시킬 수 있다. 그러나 탈근대적인 발상은 오히려 다소간 고착된, 그러나 모든 것을 규정하는 해석의 영역을 통해 의미경험을 사전에 각인하게 된다는 특징이 있다. 이 영역은 때로 '형이상학'(데리다, 바티모)의 역사로부터 유래하며, 때로는 특정 시대의 특징적인 에피스테메Epistemé(푸코)로부터, 혹은 우리 문화를 규정하는 유용성의 고려(로티)로부터 생겨난다. 여기서는 당연히 주어진 질서의 권역 내부가 아니라면, 현실과의 일치가 존재하지 않는다. 그러나 이는 긍정적인 이면을 지녀야만 하고, 지닐 것이다. 추가적인 언어학적 관계extralinguistischen Bezug의 적절한 삭제Tilgung는 해석들의 다수에 대해 새로운 관용을 가능하게 만들 수도 있다. 이 해석학적 담대함, 즉 카리타스 Caritas(예컨대 "모든 것은 좋은 것이다alles ist cool"라는 모토에 따라), 혹은 가용성可溶性, Aufgeschlossehheit은 그 자체로 칭찬할 만한 것일 수 있다. 그러나 유일한 방식에서 진리개념의 해체는 이러한 해석학의 이해에 치명적인 것으로 밝혀진다. 왜 이 이론이 다른 이론보다 더 참되어야 하는가? 그리고 왜 우리는 사람들이 세계를 전혀 이해하지 못한다고 주장하는 철학의 세계이해에 대해 경청해야만 하는가?

8) 탈근대주의적 관점에 대한 비판과 대안

나는 지금까지의 서술을 마무리하며, 다르게 서열화된 해석학적 보편성의 견해를 내 입장에서 대변하려 한다. 이 견해는 결코 (일치adaequatio로서의) 고전적 진리개념과 존재관계를 거부하지 않는 관점이다. 이 두 가지를 포기하는 것은 [철학에게] 자살시도적인 suizidär 것에 다름 아니다. 더 나아가 이 두 가지는, 여하튼 형이상학의 역사에 대해 말하려 한다면, 근대 사고의 중요한 조류를 특징적으로 나타내는 의미의 구상으로부터 생겨난다. 이 조류는 이러한 주체성이 인간적 의식 혹은 주어진 시기의 '언어공동체'로서 이해될 수도 있지만, 모든 의미요구와 진리요구에서 절대적 주체성이 확정됨을 인식한다. 이때 세계는 그 자체로 의미가 비워지거나 도달할 수 없는 것으로(!) 표상된다.

이런 구상은 우리가 이미 항상 우리의 구성으로 환원되지 **않는** 동시에zumal, 이 구성이 사물들에게 꾸준히 반박되거나 정돈되는 어떤 의미를 이해한다는 점을 놓친다. 우리는 오류와 허위를 그러한 것으로 분간하고, 바라건대 그로부터 배울 수 있다.

근대적 의미구상Sinnkonzeption과 탈근대적 의미구상의 충돌 Kurzschluss은, 무엇보다도 언어 또는 우리 오성의 범주들에서 그것이 그렇게 있는 것처럼, 세계의 인식을 우리에게 허용하지 않는 (하나의) 방해와 같은 방식을 파악한다는 데 있다. 언어는 여기서 장애물로 간주된다. 유사한 의미에서 칸트는 200년 전에 우리 정신의 체제가 우리에게 물자체 인식을 금지한다고 주장했다. 우리는 단지 사태를 그것이 우리에게 묘사하는 것처럼, 즉 우리가 그것을 선험적으로 만들어낸 것처럼 인식하게 된다. 우리가 세계와 자연을 선험적으로 야기했다는 것은 너무 높게 치켜세운 인간 오성의 요구가 아닌가?

탈근대적 사고는 이 요구에서 정당하게도 우리의 빈약한, 동시에 역사적인 오성의 과대평가를 간파한다. 그러나 이 사고는 의미를 구성하는 기능을 언어에 응용할 때, 그것의 기초가 되는 주관주의적 의미이해를 받아들인다. 이제 (있는 그대로의) 세계의 인식을 우리에게 금지하는 것은 언어이다. 탈근대적인 것은 더욱이 인간 주체를 폐위시키며, 이를 사실상 de facto 언어와 한 시대의 그때그때 역사적인 언어공동체로 대체한다. 세계는 더 이상 주체가 아니라 '언어'를 통해 구성되고 창출된다. 그런 이유에서 언어의 선先도식화는 우리의 현실인식을 막는다. 정말 그럴까? 언어에서 현실에의 **접근**을 인식하는 것이 훨씬 더 먼저 떠오르지 않는가? 언어는 세계를 경험하게 하고, 그 의미결부성에 참여하도록 하는 것이다. 이렇게 말하는 것은 사소하게 들릴지도 모른다. 그러나 해석학의 탈근대적 급진화가 그렇게 강요한다. 우리가 세계에 대해 말하고 경험하는 것은 세계와 일치하거나 혹은 그렇지 않다(우리가 그때그때 분간하고 종종 충분히 검증할 수 있는 것). 우리가 언어의 도움으로(그리고 아마도 그것만의 도움뿐 아니라) 얻는 것은 참된 세계경험이며 세계인식이다.

언어는 원리적으로 말해지고 경험되는 모든 것에 대해 개방적이라는 것이 가다머의 해석학에 부설된, 그리고 하버마스가 우리에게 제시하려고 도움을 준, 언어의 근본적인 통기성通氣性, Porosität 속성에 대한 통찰이 제공하는 최종적인 귀결이다. 언어의 보편성은 여기에 근거를 두고 있다. 이를 넘어서는 것조차 언어적으로 고쳐 쓸 수 있게 된다. 그러나 언어는 또한 자신의 고유한 경화硬化를 넘어 도달하고 바라볼 수 있다. 언어는 사태 자체가 그것을 어떻게 요구하는지, 혹은 요구하는지 여부에 따라 끊임없이 수정하며 살짝 변화를 주고 차이를 부여하게 된다. (하나의) 언어의 한계 혹은 언어의 경화는, 언어에 대항해 주장하고 우리에게 차이를 요구하는 세계에 직면해 존재할 뿐이다.

(현실인식은 언어의 내부에서만 생겨나야 하므로) 현실인식이 불가능하다고 주장하는 도그마는 언어의 지속적인 자기초월 Selbsttranzendierung을 오인한다. 이 초월에서는 언어 자체, 그리고 언어의 고유하고 그 자체로 폐쇄된 우주가 중요한 것이 아니다. 중요한 것은 오히려 언어가 경험하게 하는 것, 즉 그럼에도 불구하고 우리가 결코 완전히 해소하지 못하는 존재와 존재의 의미다.

더 자세히 말하자면, 우리 스스로가 의미와 자신의 기대라는 극복할 수 없는 요소 속에서 살아가는 존재이다. 우리가 끊임없이 이해하려고 노력하며 필연적으로 전제하는 것은 의미이다. 그러나 이 의미는 항상 사물 자체의 의미이다. 사물이 말하고 sagen 의미하는 것besagen의 의미이다. 이 의미는 당연히 우리의 빈약한 해석 시도와 그때그때 언어 가능성들의 제한된 지평을 넘어선다. 우리의 해석 가능성들과 언어 가능성은 말해져야 하고 관통해야 하는 모든 것을 고려할 때 제한적으로 머문다는 것이 자명하다. 그러나 다행스럽게도 언어는 끊임없이 확장할 수 있는 것이다(Grondin, 1993; Grondin, 2003b).[1]

---

1 (마지막 부분에 대안으로 언급된) 해석학의 이러한 구상은 그롱댕이 자신의 작업에서 아주 겸허하게 서술하려고 시도했으며, 특히 자신의 책《철학적 해석학 입문(Einführung in die philosophische Hermeneutik)》(1991)에서 다루었다. 이 책에서 해석의 목표는 내적 의미[무한한 내적 담화(verbum interius)]의 이념에 의해 이해되었다. 이 내적 의미를 그것의 외적인 표명(끊임없이 접촉하는 '외적' 담화)을 통해 해석하려고 시도한다.《삶의 의미에 관하여(Du sens de la vie, Vom Sinn des Lebens)》(Montréal, 2003; Göttingen, 2006)에서는 우리가 이해하려고 시도하는 의미는 우리가 먼저 고안하지 않았으며, 그것에 따라 우리를 항상 정돈하는 삶 자체의 의미라는 발상을 전개했다. 그롱댕에 따르면, 탈근대적인 해석학들이 우리의 이해 노력의 유한성을 기억시킨다는 점에서 정당하지만, 이것이 주체 혹은 (하나의) 주어진 언어공동체를 의미의 유일한 고안자라고 거짓으로 주장하고, 동시에 각각의 발화와 이해의 자명한 존재관계를 고려하지 않을 때 이러한 통찰의 각성적인 이익을 놓치게 된다.

참고문헌

| 프랑스어판 |

Ast, F., *Les principes fondamentaux de la grammaire, de l'herméneutique et de la critique*, Landshut, 1808.

Augustin, *La doctrine chrétienne*, Institut d'études augustiniennes, 1997.

_____, *La genèse au sens littéral*, t. I, Desclée, 1972.

Betti, E., *Zur Grundlegung einer allgemeinen Auslegungslehre*, 1954, rééd. Mohr Siebeck, 1988a.

_____, *Die Hermeneutik als allgemeine Methodik der Geisteswissenschaften*, Mohr Siebeck, 1988b.

Bricmont, J. et A. Sokal, *Impostures intellectuelles*, Paris, 1997.

Bultmann, R., "Le problème de l'herméneutique"(1950), *Foi et compréhension*, Le Seuil, 1970, 599–626.

Derrida, J., *L'écriture et la différence*, Le Seuil, 1967a.

_____, *De la grammatologie, Minuit*, 1967b, 227.

_____, *Béliers*, Galilée, 2003.

Dilthey, W., "Origines et développement de l'herméneutique"(1900), *Le monde de l'esprit, Aubier*, 1947, t. I, 313–340.

_____, *L'édification du monde historique dans les sciences de l'esprit*, Le Cerf, 1988.

Entretien avec C. Barkhausen, *Sprache und Literatur in Wissenschaft und*

Unterricht, W. Fink, 1986, 97.

Gadamer, H.-G., *Vérité et méthode* (1960)[VM], tr. partielle: Le Seuil, 1976 (intégrale, Le Seuil, 1996a).

_____, *L'art de comprendre, Écrits I*, Aubier, 1982.

_____, *Écrits II*, Aubier, 1991.

_____, *Langage et vérité*, Gallimard, 1995.

_____, *Le Monde*, 1995.1.3.

_____, *La philosophie herméneutique*, PUF, 1996a.

_____, *L'héritage de L'Europe*, Rivages, 1996b.

_____, *Herméneutique et philosophie*, Beauchesne, 1999.

_____, *Les chemins de Heidegger* (1983), Vrin, 2002.

_____, *Esquisses herméneutiques* (2000), Vrin, 2004.

_____, *L'herméneutique en rétrospective* (1995), Vrin, 2005.

_____, *Œuvres complètes* [GW], t. I, 1.

Greisch, J., *Herméneutique et grammatologie*, Éd. du CNRS, 1977.

_____, *Paul Ricœur. L'itinérance du sens*, Millon, 2001.

_____, *Le cogito herméneutique*, Vrin, 2003.

Grondin, J., *L'universalité de l'herméneutique*, PUF, 1993.

_____, *L'horizon herméneutique de la pensée contemporaine*, Vrin, 1993.

_____, *Introduction à Hans Georg Gadamer*, Le Cerf, 1999.

_____, *Le tournant herméneutique de la phénoménologie*, PUF, 2003a.

_____, *Du sens de la vie*, Bellarmin, 2003b.

Habermas, J., "L'approche herméneutique," *La logique des sciences sociales* (1967), PUF, 1987a, 184-215.

_____, "La prétention à l'universalité de l'herméneutique," *Logique des sciences sociales*, PUF, 1987b.

Heidegger, M., *Acheminement vers la parole* (1959), Gallimard, 1976.

_____, *Être et temps* (1927), Authentica, 1985 (Gallimard, 1986).

_____, *Herméneutique de la facticité. Œuvres complètes* [GA], t. 63, Klostermann, 1988, 15.

_____, *Interprétations phénoménologiques d'Aristote* (1922), TER–Repress, 1992, 19, 23.

Kuhn, Thomas, *La tension essentielle: tradition et changement dans les sciences* (1977), Gallimard, 1990.

Misch, Georg, *Der Aufbau der Logik auf dem Boden der Philosophie des Lebens* [L'édification de la logique sur la philosophie de la vie], Alber, 1994.

Ricœur, P., *Philosophie de la volonté*, t. II: *Finitude et culpabilité*, Aubier, 1960.

_____, *De l'interprétation. Essai sur Freud*, Le Seuil, 1965.

_____, *Le conflit des interprétations*, Le Seuil, 1969.

_____, *La métaphore vive*, Le Seuil, 1975.

_____, *Temps et récit*, 3 t., Le Seuil, 1982–1985.

_____, *Du texte àl'action*, Le Seuil, 1986.

_____, *Soimême comme un autre*, Le Seuil, 1990.

_____, *Réflexion faite. Autobiographie intellectuelle*, Esprit, 1995.

_____, *La mémoire, l'histoire, l'oubli*, Le Seuil, 2000.

_____, *L'itinérance du sens*, Millon, 2001.

_____, *Parcours de la reconnaissance*, Stock, 2004.

Revue internationale de philosophie [RIP], no.151 (1984).

Rorty, R., *Philosophy and the Mirror of Nature*, Princeton University Press, 1979, tr. *L'homme spéculaire*, Le Seuil, 1990.

_____, "Being that can be understood is language," *London Review of Books*, 2000.3.16, 23–25.

Schleiermacher, F., *Herméneutique*, Labor & Fides, 1988 (Le Cerf, 1989).

_____, *Hermeneutik und Kritik* [HuK], éd. M. Frank, Frankfurt, Suhrkamp, 1977.

Vattimo, G., *La fin de la modernité: nihilisme et herméneutique dans la culture post-moderne*, Le Seuil, 1987.

_____, *Éthique de l'interprétation*, La Découverte, 1991.

_____, *Au-delàde l'interprétation. La signification de l'herméneutique pour la philosophie*, Éd. de Boeck, 1997.

_____, "Histoire d'une virgule. Gadamer et le sens de l'être," *Revue internationale de philosophie*, no.213(2000), 502, 505.

| 독일어판 |

Apel, K. -O., *Transformation der Philosophie*, 2 Bände, Frankfurt a. M., Suhrkamp, 1973.

_____, *Neue Versuche über Erkären und Verstehen*, Frankfurt a. M., Suhrkamp, 1978

_____, "Regulativen Ideen oer Wahrheitengeschehen? Zu Gadaners Versuch, die Fragenach den Bedingungen der Möglichkeiten gültigen Verstehens zu beantworten," *Auseinandersetzungen in Erprobungen der transzendentalpragematischen Ansätze*, Frankfurt a. M., Suhrkamp, 1998, 569-607.

Augustin, *Über den Wortlaut der Genesis*, Paderborn, Schöningh, 1961.

Aurelius Augustinus, *Die christliche Bildung*, Stuttgart, Reclam, 2002.

Betti, E., Zur Grundlegung einer allgemeinen Auslegungslehre, 1954, Nachdruck: Tübingen, Mohr Siebeck, 1988.

_____, *Die Hermeneutik als allgemeine Methodik der Geisteswissenschaften*, 1962, 2. durchgesehene Aufl., Tübingen, Mohr Siebeck, 1972.

Beuchot, M., *Tratado de hermenéutica analógica. Hacia un mevo modelo de interpretatión*, México, Facultad de Filosofia y Letras-UNAM, 1997.

Beuchot, M., und F. Arenas-Dolz, *Hermenéutica del la encrucijada. Analogia, retórica y filosofia*, Barcelona, Anthropos, 2008.

Briedbach, O., und Orsi, G(Hg.), *Ästhetik-Hermeneutik-Neurowissenschaften. Heidelberger Gadamer-Symposium des Istituto Italiano per gli Studi*

Filosofici, Münster, LIT-Verlag, 2004.

Bultmann, R., "Das Problem der Hermeneutik," *Glauben und Verstehen*. Gesammente Aufsätze, 2. Band, Tübingen, Mohr Siebeck, 6. Aufl. 1993, 211-235.

Conill Sancho, J., *Ética hermenéutica. Critica desde la facticidad*, Madrid, Tecnos, 2006.

Derrida, J., "La structure, le signe et le jeu dans le discours des sciences humanies," *L'écriture et la différence*, Paris, Le Seuil, 1967(dt.: "Die Struktur, das Zeichen und das Spiel im Diskurs der Wissenschaft vom Menschen," *Die Schrift und die Diffrenz*; Wiederabgedruckt in P. Engelmann(hg.), *Postmoderne und Dekonstruktion. Texte französischer Philosophen der Gegnewart*, Stuttgart, Reclam, 1990).

_____, *De la grammatologie*, Paris, Editions de Minuit, 1967(dt.: *Grammatologie*, Frankfurt a. M., Suhrkamp, 1983).

Dilthey, W., *Gesammelte Schriften*, Band 1, hg. von B. Groethuysen[1. Aufl. Leipzig, Teubner 1922], 9. Aufl. Stuttgart /Göttingen, 1990.

_____, "Die Entstehung der Hermeneutik"(1900), *Wilhelm Diltheys Gesammelte Schriften*, Band 5, hg von G. Misch[1. Aufl. Leipzig, Teubner, 1924], 8. Aufl. Stuttgart /Göttingen, 1990.

_____, *Gesammelte Schriften*, Band 7, hg. von B. GroethuysenStuttgart / Göttingen, 1992[1. Aufl. Leipzig, Teubner 1927], 8. Aufl. Stuttgart / Göttingen, 1992.

_____, *Gesammelte Schriften*, Band 19, hg. von H. Johach und F.   Rodi, 2. Aufl. Stuttgart /Göttingen, 1997.

Dilthey und die hermeneutische Wende, hg. von G. Kühne-Betram und F. Rodi, Göttingen, Vandenhoeck & Ruprecht, 2008.

Fiasse, P.(Hg.), *Paul Ricœur. De l'homme failible à l'homme capable*, Paris, PUF, 2008.

Forget, P.(Hg.), *Text und Interpretation*, München, Fink, 1984.

Gadamer, H.-G., *Wahrheit und Methode*, Gesammelte Werke, Band 1, Tübingen, Mohr Siebeck, 5. Aufl. 1986(6. durchges. Aufl. 1990).

_____, *Wahrheit und Methode*, Gesammelte Werke, Band 2, Tübingen, Mohr Siebeck, 2. Aufl. 1993.

_____, *Ästhetik und Poetik 1: Kunst als Aussage*, Gesammelte Werke, Band 8, Tübingen, Mohr Siebeck, 2. Aufl. 1993.

_____, *Hermeneutik und Rückblick*, Gesammelte Werke, Band 10, Tübingen, Mohr Siebeck, 2. Aufl. 1995.

_____, *Hermeneutische Entwürfe*, Tübingen, Mohr Siebeck, 2000.

Gerigk, H. -J., *Unterwegs zur Interpretation. Hinweise zu einer Theorie der Literatur in Auseinandersetzung mit Gadamers Wahrheit und Methode*, Stuttgart, Guido Presser Verlag, 1989.

Grondin, J., *Hans-Georg Gadamer. Eine Biogrphie*, Tübingen, Mohr Siebeck, 1999.

_____, *Einführung zu Gadamer*, Tübingen, Mohr Siebeck, UTB, 2000.

_____, *Einführung in die philosophische Hermeneutik*, Darmstadt, Wissenschaftliche Buchgesellschaft, 2. Aufl. 2001.

_____, *Von Heidegger zu Gadamer. Unterwegs zur Hermeneutik*, Darmstadt, Wissenschaftliche Buchgesellschaft, 2001.

_____, *Introduction àla métaphysique*, Press de l'Univrsitéde Montréal, 2004.

Habermas, J. u.a., *Hermeneutik und Ideologiekritik*, Frankfurt a. M., Suhrkamp, 1970.

Habermas, J., *Zur Logik der Sozialwissenschaften*, Frankfurt a. M., Suhrkamp, 1970.

_____, "Wie ist nach den historismus noch Metaphysik möglich?", *Neue Zürcher Zeitung*, 12/13, 2. 2000, 49–50(Wiederabgedrckt in *Sein, das verstanden werden kann, ist Sprache: Hommage an Hans-Georg Gadamer*, Frankfurt a. m., Suhrkamp, 2001, 89–99).

Heidegger, M., *Unterwgs zur Sprache*, Pfullingen, Verlag Günter Neske, 2. Aufl. 1960.

_____, *Sein und Zeit*, Tübingen, Max Niemeyer Verlag, 14. Aufl. 1977.

_____, *Ontologie(Hermeneutik und Faktizität)*, Gesamtausgabe Band 63, Frankfurt a. M., Klostermann, 1988.

_____, *Phänomenologische Interpretationen zu Aristoteles*, Stuttgart, Reclam, 2003.

Hermeneutik und Dialektik, Festschrift zu Gadamers 70. Geburtstag, Tübingen, Mohr Siebeck, 1970.

Hogrebe, W., *Metaphysik und Mantik. Die Deutungsnatur des Menschen*, Frankfurt a. M., Suhrkamp, 1992.

Krämer, H., *Kritik der Hemeneutik*, München, Beck, 2007.

Jauß, H. R., *Literaturgeschichte als Provokation*, Frankfurt a. M., Suhrkamp, 1970.

Misch, G., *Der Aufbau der Logik auf den Boden der Philosophie des Lebens*, Freiburg, Alber, 1994.

Nietzsche, F., *Kritische Studienausgabe*, herausgegeben von G. Colli und M. Montinari, Berlin/New York, 1980, de Gruyter, Band 12.

Ricœur, P., *L'interpretation. Essai sur Freud*, Le Seuil, 1965(dt.: *Die Interpretation. Versuch über Freud*, Frankfurt a. M., Suhrkamp, 1969).

_____, *Le conflit des interprétations*, Paris, Le Seuil 1969(dt.: *Hermeneutik und Struktualismus. Der Konflikt der Interpretationen I*, München, Kösel, 1973; *Hermeneutik und Psychoanalyse: De Konflikt der interpretationen II*, München, Kösel, 1974).

_____, *Temps et récit*, t. III, Paris, Le Seuil, 1985(dt.: *Zeit und Erzählung*, Band 3: die erzählte Zeit, München, Fink, 1991).

_____, *Du texte à l'action, Essais d'hermeneutique II*, Paris, Le Seuil, 1986[dt.: *Vom Text zur Person, hermeneutische Aufsätze(1970-1999)*, Hamburg, Meiner, 2005].

_____, *Soi-même comme un autre*, Paris, Le Seuil, 1990 (dt.: *Das Selbst als ein Anderer*, München, Fink, 1996).

_____, *La mémoire, l'historie et l'oubli*, Paris, Le Seuil, 2000 (dt.: *Gedächtnis, Geschichte, Vergessen*, München, Fink, 2004).

_____, *Parcours de la reconnaissance*, Paris, Editions Stock, 2004 (dt.: *Wege der Anerkennung: Erkennen, Wiedererkennen, Anerkanntsein*, Frankfurt a. M., Suhrkamp, 2006).

_____, *An den Grenzen der Hermeneutik. Philosophische Reflexionen über die Religion*, Freiburg, Alber 2008.

Rorty, R., *Philosophy and the Mirror of Nature*, Princeton UP, 1979 (dt.: *Der Spiegel der Natur. Eine Kritik der Philosophie*, Frankfurt a. M., Suhrkamp, 1981).

Schleiermacher, F. D. E., *Hermeneutik und Kritik*. Mit einem Anhang sprachphilosophischer Texte Schleiermachers, hg. von M. Frank, Frankfurt a. M., Suhrkamp, 1977.

Schleiermacher-Archiv, hg. von H. Fischer und H.-J. Birkner, G. Ebeling, H. Kimmerle, K. -V. Sele, Band I, Teilband 1 und 2, Berlin / New York, der Gruyter, 1985.

Scholz, O. R., *Verstehen der Rationaltät. Untersuchungen zu den Grundlagen von Hermeneutik und Sprachphilosophie*, Frankfurt a. M., Klostermann, 1999.

Sein, da verstanden werden kann, ist Sprache, Hommage an Hans-Georg Gadamer, Smmelband (ohne Herausgeber), Frankfurt a. M., Suhrkamp, 2001.

Vattiomo, G., *Jenseits der Interpretation. die Bedeutung der Hermeneutik für die Philosophie*, Frankfurt a. m., Campus Verlag, 1997.

Wischke, M. / Hofer, M.(Hg.), *Gadamer verstehen / Understanding Gadamer*, Darmstadt, Wissenschaftliche Buchgesellschaft, 2003.

Zabala, S.(Hg.), *Weakening Philosophy. Essays in Honor of Gianni Vattimo*, Motreal / Kingston, McGill-Queen's University Press, 2007.

옮긴이 해제

장 그롱댕Jean Grondin이 스스로 이 책의 서문에서 언급하듯 해석학이 "우리 시대 상대주의의 공통어Koinè" 혹은 '상투어'가 되어버린 시점에서 해석학적 사유를 추구한다는 것은 무반성적인 관성적 활동처럼 보일 수 있다. 또한 '해석학이라는 병morbus hermeneuticus', '이해의 광기Wut des Verstehens', '해석학 비판Kritik der Hemeneutik'과 같은 표현들이 심심찮게 등장하고 있는 것도 사실이다. 그럼에도 '해석학의 시대'라고 불리는 20세기에 이어 21세기에도 여전히 해석학은 서양철학의 중심적인 화두로 자리하고 있다. 이는 해석학이 특정 시대의 산물이 아니라 서양 철학의 역사 전체를 관통하는 보편성이 있기 때문일 것이다. 물론 이러한 보편성이 항상 인지되고 구현되는 것은 아니다. 철학의 발전과 새로운 지평의 확보를 위해서는 폴 리쾨르P. Ricœur가 말하는 '신뢰의 해석학'과 '의혹의 해석학'의 끊임없는 변증법적 대결이 요청되는 것이다.

현대 철학에서 해석학은 그 역학관계가 다르기는 하지만, 크게 세 가지 흐름에서 그 맥을 이어가고 있다(물론 이러한 구분 자체가 일종의 논쟁거리일 수도 있다). 먼저 텍스트 해석학, 혹은 방법론적 해석학의 입장을 표방하는 슐라이어마허F. Schleiermacher와 딜타이W. Dilthey의 전통이다. 이와 달리 정신과학의 방법론적 '축소'에 대항해 진리와 존재이해를 지향하는 철학적 해석학 혹은 존재론적 해석학의 입장을 표방하는 하이데거M. Heidegger와 가다머H.-G. Gadamer의 전통이 있다(사실 여기서 "해석학적 철학은 가다머의 업적이다"라는 하이데거의 진술에 근거해 영향사적 관계로 볼 때 가다머의 발상과 그에 따른 하이데거 철학의 재해석이라는 맥락에서 가다머와 하이데거 전통으로 그 순서를 바꾸어야 할지도 모르겠다. 적어도 나는 하이데거 철학을 지나치게 해석학적으로 재구성하는 것이 그의 철학적 입장을 왜곡할 수도 있다는 우려를 숨길 수 없다). 마지막으로 실천이라는 영역에서 인간의 궁극적인 자기이해를 추구하는 '이야기 해석학'과 '자기의 해석학'을 표방하는 리쾨르의 전통이 있다. 이러한 전통들 사이에 수많은 다양한 스펙트럼이 형성되고 있다는 것 또한 자명한 사실이다. 그러나 가다머가 "타자가 권리를 가질 수 있다는 가능성이 해석학의 영혼이다"라고 강조한 관점에서 바라보면 지금 해석학의 영혼은 다소 병들어 있다고 할 수 있다. 타자의 권리에 대한 인정보다는 자신의 권리 속으로 모든 것을 환원해버리려는 경향이 더욱 크기 때문이다. 이런 맥락에서 현대 해석학의 역사를 다시금 재구성하려는 그롱댕의 시도는 매우 유의미한 시사점을 제공해준다.

역사란 언제나 '재구성'의 시도라고 할 수 있다. 그런 배경 아래 역사적 시각에서 중요한 것은 선택의 기준이라고 할 수 있다. 장 그롱댕은 이미 《철학적 해석학 입문》에서 해석학의 풍부한 전사前史를 충실하게 재구성한 바 있다. 여기서 해석학의 역사를 선도하는 관점은 의심할 나위 없이 가다머로부터 유래한 철학적 해석학의 주제였다. 좀 더 구체적으로 말하자면, 그롱댕이 서양 해석학의 핵심적 차원으로 포착하고 가다머 해석학의 요체로 간주하는 '내적 언어verbum interius'가 그 중심에 놓여 있다. 물론 새로운 책에서도 주인공은 여전히 '가다머'인 것처럼 보인다. 그럼에도 이 책에서 주인공은 다소 중립적인 거리두기에서 서술되고 있다. 여기서는 슐라이어마허와 딜타이에 대한 재평가, 불트만에 대한 새로운 소개를 제공한다. 그리고 무엇보다도 눈에 띄는 것은, 《철학적 해석학 입문》에서는 제외된 리쾨르의 해석학을 가다머와 거의 같은 분량으로 할애해 소개한다는 점이다. 더 나아가 이 책은 이데올로기 비판(하버마스)과 데리다의 논쟁을 둘러싼 상세한 보충설명, 그리고 로티와 바티모의 탈근대적 해석학에 대한 소개를 통해 가다머에 편향적인 초점에서 벗어나 해석학적 사유의 보편성을 스스로 구현하고 있다는 점에서 그동안 축적된 그롱댕의 내공이 잘 드러나는 것으로 보인다.

　지은이 장 그롱댕은 1955년에 캐나다에서 태어났으며, 현재 몬트리올 대학의 철학과에 재직하고 있다. 그의 중심적인 연구주제는 칸트, 하이데거, 가다머 등이다. 그는 1982년 독일 튀빙겐 대학에서 고전문헌학, 신학, 철학을 공부했으며 《한스 게오르크 가다머의 진리개념에 관하여Zum Wahrheitsbegriff Hans-Georg Gadamers》로 박사 학위를 취득한 이래로 가다머의 철학적 해석학의 영향 아래 지속적으로 해석학적 물음에 천착해오고 있다. 대표적인 저서는 *Einführung in die philosophische Hermeneutik*(1991), *Der Sinn für Hermeneutik(1994), Sources of Hermeneutics*(1995), *Von Heidegger zu Gadamer, unterwegs zur Hermeneutik*(2001), *Hermeneutik*(2006) 등이 있다. 나는 이 중 1991년에 출간된 *Einführung in die philosophische Hermeneutik*를 《철학적 해석학 입문》이라는 책으로 2008년에 번역했으며, 이번 책은 그롱댕의 비교적 최근 저서인 *L'herméneutique*(독일어판 *Hermeneutik*)를 번역한 것이다.

　이 책은 《철학적 해석학 입문》과 비교해보면 형식적으로나 내용적으로 여러 측면에서 확실한 차이를 보여준다.

　첫째, 해석학의 전사前史가 대폭 축소되었다. 해석학의 전사는 사실 그롱댕의《철학적 해석학 입문》이전까지는 대다수의 입문서들에서 단편적으로 언급되거나, 성서해석학의 전통과 철학적 해석학의 전통에서 각기 상이한 시각으로 서술된 경우가 허다했다. 이 책에서 처음으로 전체 역사의 구성요소들이 체계적으로 총괄되었다는 점에서 그 학문적 의의가 있다. 그러나 사실 해석학의 역사는 현대 해석학의 발전에 따른, 특히 그롱댕이 가다머의 철학적 해석학의 관점에서 제시한 일종의 재구성의 산물이라는 점에서 그 충분한 의의에도 불구하고 분명 한계가 있다. 그 한계란, 시대적 배경이 다른 여러 해석학적 사유들이 하나의 관점으로 환원되어 그 본래적 의미가 희석될 수 있다는 점이다. 이와 대조적으로 그롱댕의 새로운 저술은 간략한 전사를 "해석학의 고전적 이해"라는 주제로 서술하고 있다. 물론 여기서도 가다머에 의해 해석학의 본질적인 주제로 간주된 '수사학과 해석학의 관계'가 중심적으로 논의되고 있다. 해석학과 수사학의 관계를 더 강조한다는 것은 해석학의 언어적 차원과 연관성을 분명히 드러내는 것이기도 하다. 특히 언어의 '통기성의 속성'을 부각시키는 것은 대화의 가능성과 사태의 해명을 추구하는 해석학 견해에서 결정적 의의가 있다. 이런 강조점은 그롱댕이 이 책의 결론 부분에서 해석학의 탈근대적 관점에 대한 비판과 대안으로 찾아나가는 과정에서 결정적인 의미가 부여된다.

둘째, 슐라이어마허와 딜타이의 낭만주의 해석학에서 보편적 해석학allgemeine Hermeneutik을 위한 노력들이 상대적으로 공평하게 평가되고 있다. 철학적 해석학의 전사나 사전작업 정도로 간주됨으로써 이전의 모든 해석학적 사유들이 가다머의 해석학으로 수렴되던 서술방식과 달리, 각 사상가들의 고유한 기여와 의의가 제시된다. 물론 이러한 평가가 낭만주의 해석학을 전공하는 학자들의 기대를 충족하는 정도까지 도달한 것은 분명 아니다. 그럼에도 이 책에서는 문헌학적 해석학, 성서해석학, 법률해석학과 같은 특수 해석학과 구별되는 이해론을 제시함으로써 "보편성을 향한 도약"을 도모한 슐라이어마허의 의도가 잘 분석되고 있으며, 객관적으로 평가되고 있다. 마찬가지로 그롱댕은 딜타이에게도 기존의 "해석학의 유산을 아주 다른 어떤 방향으로 몰고 가려는 어떤 이념"이 존재했다는 사실을 언급함으로써, 딜타이의 시각이 정신과학 방법론의 정초라는 좁은 영역에서 벗어나 이해와 설명에 대해 "이미 삶 자체를 특징짓는 의미와 표현을 향한 시도의 더 근원적 형식들"이라고 의미를 부여했다고 평가한다. 그롱댕은 보편해석학의 기획으로서 딜타이가 보편적 해석철학의 형식을 제시하고 있으며, 이 철학의 근본이념은 이해와 해석이 정신과학의 방법론적 차원에서뿐만 아니라 "삶 자체의 한가운데서 발견하는 기초적 사건들"이라는 관점에 있다고 소개한다. 딜타이의 이러한 발상은 비록 스스로 완결되지는 못했지만 그의 비자발적인(?) 후예(하이데거와 가다머)와 접목될 가능성을 부설했다고 한다. 이런 관점은 이 책의 하이데거 부분에서 그가 딜타이의 제자이자 사위인 게오르크 미쉬의 '해석학적 논리학'에 대해 언급할 때 더욱 분명하게 드러난다. 그는 "논리학과 과학의 근본 범주들이 삶 자체의 이해탐색과 의미탐색"에 근원을 두고 있다는 것을 입증하려고 시도했다. 이 논리학이 딜타이 진영에서 기여할 수 있었던 이른바 모든 영향사가 종결되고 나서 1994년에야 출판됨으로써 직접적인 영향력을 발휘할 수 없었다는 것이 유감스러울 뿐이다. 다만 그롱댕은 하이데거를 "해석학의 이러한 철학적 변형의 주요 매개자"로 간주하며, "이런 방향으로의 주제설정은 실로 딜타이와 니체 이후에 기미가 있었다"는 점을 인정하고 있다. 그롱댕은 또한 말년의 하이데거에게 등장하는 현존재, 언어 그리고 존재의 문제가 슐라이어마허와 딜타이의 관점과 연관성이 있음을 주장한다. 그에 따르면 이러한 사실관계는 하이데거가 1958년의 회고적인 '대담'에서 충만한 향수와 더불어, 초기의 현사실성의 해석학(1923)으로 되돌아가 처음으로 슐라이어마허와 딜타이의 텍스트를 인용한다는 사실을 통해 드러난다.

셋째, 이 책에는 현대 해석학의 성립에 대한 불트만의 기여가 새롭게 포함되어 있다. 그롱댕은 볼트만을 "어떻게 하이데거 해석학 이해가 텍스트 해석의 고전적인 물음들에 고용되어 제시될 수 있는가를 보여준 최초의 위대한 사상가"로 극찬하고 있다. 특히 "참여하는 이해"라는 그의 구상은 하이데거의 선이해를 비판적으로 개선함으로써 "하이데거 학설에서 올바르게 이끌어내는 학설"로서 평가되고 있다. 더 나아가 그의 이러한 관점은 '적용으로서의 이해'라는 가다머의 구상과 '어떤 세계의 개봉으로서의 이해'라는 리쾨르의 구상에 선행하는 탁월한 관점이었다고 한다.

넷째, 가다머에 대한 서술에서도 미묘한 차이가 드러난다. 이전 저술에서 정신과학에 대한 딜타이의 방법론적 구상이 (헬름홀츠H. Helmholtz를 인용한 부분에서 잘 드러나듯) 도발적으로 비판된 것과 달리, 여기서는 비교적 주제중심적으로 다루어진다. 이런 공평한 시각은 가다머가 "정신과학의 진리는 어디서 성립하는가"라는 딜타이의 문제제기를 받아들이면서도 그의 방법론적 해결은 거부한다는 점에서 잘 드러나고 있다. 또한 이전 저술에서는 예술작품의 이해가 칸트 미학의 주관주의에 대한 비판을 중심으로 서술된 것과 달리, 이해 모델로서 예술의 의의가 상세히 다루어지고 있다. 작품에서의 '존재의 증대Zuwachs an Sein'라는 관점을 통해 작품 이해가 어떻게 진리와 존재 이해에 연결되는지 잘 보여준다. 그롱댕은 프랑스 군대에 의해 처형되는 불쌍한 스페인 농부를 그린 고야F. Goya의 그림 〈1808년 5월 2일El 2 de mayo de 1808〉을 예로 들면서 예술작품이 현실에 '존재의 증대'가 일어나도록 함으로써 인식의 소득Erkenntnisgewinn을 선물한다는 사태를 잘 규명해준다. 아울러 흥미로운 것은 그의 주저인《진리와 방법》의 제목이 탄생한 배경이다. 당시 출판사의 반응이 보여주듯 '해석학'이라는 표현에 대한 부정적인 선입견이 얼마나 강했는지를 생각하면 오늘날 해석학의 위상은 경이롭기까지 하다.

다섯째, 이전의 텍스트에서 아주 간략하게 언급되었던 이데올로기 비판(하버마스)에 대한 논의가 좀 더 상세하게 다루어지고 있다. 특히 가다머와 하버마스의 차이와 일치점 그리고 공통의 지향점 등 상호영향 관계가 균형 있게 서술된다. 이러한 관계 설정이 실로 리쾨르에게 영향을 끼쳤고, 그런 맥락에서 해석학의 역사에 매우 중요한 논쟁이었다고 할 수 있다.

여섯째, 리쾨르의 해석학에 대한 '입체적인' 소개가 새롭게 추가되었으며, 그 비중도 가다머의 해석학과 거의 같은 정도로 다루어진다. 이전 텍스트에서는 리쾨르가 전혀 언급되지 않았기에 철학적 해석학의 '입문'으로는 다소 부족하다는 비난을 피할 수 없었다. 그러나 이 책은 충분한 분량으로 리쾨르의 해석학을 소개할 뿐만 아니라 이전 해석학과의 연속성과 단절, 그리고 새로운 해석학의 구축이라는 영향사적 관계를 잘 드러내고 있다는 점에서 명실상부한 '입문'의 역할을 수행하고 있다. 주지하다시피 리쾨르는 (가다머의) 해석학과 (하버마스의) 이데올로기 비판을 '신뢰와 의혹Vertrauen und Argwohn'이라는 두 가지 유형의 해석학으로 구별함으로써 연관시킨다. 이 구별은 또한 현대 철학 일반의 경향을 규정하는 기준으로도 종종 적용된다. 이러한 출발점에도 불구하고 리쾨르는 (독일) 해석학의 전통보다는 다른 우회로를 통해 자신의 독자적인 사유를 개척해 나간다. 그는 실존철학, 성서해석학, 정신분석학, 현상학, 서사이론, 윤리학 등 다양한 철학적 여정을 몸소 거치며 역사적으로 전승된 사상의 다양성 속에서 자신의 고유한 사유세계의 통일성을 찾아 나서고 있다. 그의 사상은 반성철학의 프랑스적 전통에 그 뿌리를 두면서 '자기의 해석학'으로 수렴되고 있다. 그러나 그의 사상적 목표는 여기서 그치지 않고, 텍스트와 행동 등의 해석학적 주제를 섭렵하면서 "능력 있는 인간의 해석학적 현상학"으로 귀결된다. '의혹의 학파'를 통해 반성으로 한 번에 자기를 완전하게 소유할 수 있다는 환상에서 벗어나 리쾨르는 '능력 있는 자기'의 윤리적 원천을 다시 발견하고자 시도한다. 해석학의 실천적 의의를 추구하는 그의 사상은 마침내 "윤리학 없는 해석학은 공허하고 해석학 없는 윤리학은 맹목이라는 점"을 일깨워준다.

일곱째, 가다머와 데리다의 논쟁과 그 귀결에 대한 상세한 서술이다. 기대와 실망, 그리고 (가다머의 죽음 통한) 재회를 서사적으로 다루고 있는 이 부분은 앞선 저술에 비해 더욱 섬세하고 긍정적으로 채색되어 있다. 특히 흥미로운 것은 (각주에서 언급된) 대화에 임하면서 가다머가 아버지처럼 그리고 선생처럼 파괴(해체)의 의미를 가르치려 했으며, 그에 대해 데리다가 민감하게 반응했다는 사실이다. 이는 철학에서 대화의 주제뿐만 아니라 평등한 '대화의 조건'이 얼마나 중요한지 잘 알려준다. 이는 해석학이 대화의 학문을 지향한다는 점에서 더욱 그러하다. 그럼에도 데리다가 가다머의 죽음에 임해 자신의 추모사에서 그에 대한 아름다운 추억과 그리움을 토로하는 것을 볼 때, 철학적 사유의 요체는 '대화의 조건'이라기보다는 '대화의 의지'임을 다시금 확인할 수 있다.

마지막으로 언급할 수 있는 차이는 로티와 바티모의 탈근대적 해석학에 대한 소개이다. 이전 텍스트에서 단 몇 줄로 언급된 부분을 내용적으로 상세하게 서술하고 있다. 특히 가다머 고유의 관점과 그들의 '해석', 그들의 발전적 해체와 같은 부분들이 균형 있게 서술된다. 물론 그롱댕이 가다머를 일방적으로 옹호한다는 인상을 다소간 떨칠 수 없지만, 적어도 해석학적 사유의 신실용주의적이며 허무주의적인 확장이라는 측면에서 그들의 관점을 잘 소개하고 있다.

이러한 다양한 해석학적 관점들을 그롱댕은 결론을 대신해 "해석학적 보편성의 용모들"이라는 주제로 개괄한다. 현대 해석학의 지평을 형성하는 해석학의 다양한 주장과 관점을 '일반적 해석관점주의', '인식론적 해석관점주의', '역사주의적 해석관점주의', '이데올로기 비판적 해석관점주의', '실존론적 해석학의 보편성', '언어성의 해석학적 보편성', '탈근대주의의 언어적 보편성', '탈근대주의적 관점에 대한 비판과 대안'이라는 주제로 요약해 소묘하고 있다. 그롱댕은 궁극적으로 인간의 의미와 기대라는 실존적 상수가 한계를 지닐 수밖에 없는 해석 시도와 언어 지평을 넘어 나아가야 하며, 나아갈 수 있다는 희망을 '언어의 확장적 보편성'을 통해 표출한다. 이는 그롱댕이 가다머, 하버마스, 리쾨르에게 공통으로 등장하는, 언어에 본질적으로 속한 '통기성의 속성Porosität' 관념을 적극적으로 수용하는 것으로 보인다. 이는 언어가 모든 것에 대해 개방되어 있고, 자기 자신을 넘어 나아가는 능력을 보유하고 있다는 근본 통찰에 기인한다.

전체적으로 볼 때 그롱댕이 새롭게 선보이는 해석학 텍스트는 지금까지 출간된 해석학 소개서 중에 간명하면서도 가장 충실하게 서술되어 있다고 평가할 수 있다. 영어권에서 나온 텍스트의 경우 용어 선택이나 적용에 다소 무리가 생길 수 있는 반면 그롱댕은 독일어, 프랑스어, 영어를 자유자재로 구사하는 자신의 언어적 능력을 십분 발휘해 가장 적절한 표현들을 구사하고 있다는 점에서도 이 텍스트의 가치가 돋보인다. 이 책은 저자의 프랑스어 텍스트가 원본이지만, 번역 과정에서 독일어판 텍스트도 크게 참고했다. 독일어판은 "저자에 의해 직접 꼼꼼히 검사되고 사실적으로 묘사되고 보충되었다고vom Autor geprüft, aktualisiert und ergänzt" 출판사가 밝히고 있는데, 원본보다 더 생생한 독일어 텍스트의 서술을 기초로 삼았다는 점에서 의의가 있다.

약 40년 전 우리나라에 해석학이 본격적으로 소개되기 시작한 이래 지금까지 다양한 연구와 저술활동이 활발히 전개되어 왔다. 가다머의 표현을 빌리면 우리나라에서 전개된 40년의 '영향사Wirkungsgeschichte' 중 내가 참여한 20년의 과정에서 스스로 과연 무엇을 이룩했는지 자신 있게 내세울 만한 것이 솔직히 없다. 그러나 적어도 해석학의 역사와 입문을 위한 두 개의 번역서를 내놓은 일이 나름 의미 있는 기여라고 자부하고 싶다. 그런 배경에서 이 책을 출판하도록 허락해준 동녘출판사에게 진심으로 감사드린다. 사실 번역 텍스트를 순수한 학술적 의미에서 수용하는 것은 오늘날의 상황에서 결코 쉽지 않은 결정이라고 생각한다. 또한 직역되어 이해하기 어려운 원고를 차분한 손길로 다듬어준 편집부 정경윤 선생님과, 바쁜 와중에도 번역 원고를 검토

해주신 김선규 교수님과 프랑스 텍스트를 검토해주신 김휘택 교수님께도 감사를 드린다. 이번에 번역되는《현대 해석학의 지평》은 2018년 1학기 학부 강의 '문화철학과 해석학'에서 미완성된 형태의 원고로 강독된 바 있다. 이 강의에 참여한 학생들에게 감사의 마음을 전한다. 또한 이 책의 번역을 통해 해석학의 진면목을 좀 더 충실히 이해하려는 모든 사람에게 도움이 되었으면 하는 작은 소망을 전하고 싶다.

2019년 흑석동 연구실에서